Yvonne Salamon: Geboren im KZ Bergen-Belsen

Unter Mitwirkung von Frédérique Agnès

Meiner Mutter
gewidmet

Yvonne Salamon

Geboren im KZ Bergen-Belsen

Unter Mitwirkung von Frédérique Agnès

fe

Aus dem Französischen übertragen
von Hans Zier

Original erschienen unter dem Titel „Je suis née à Bergen-Belsen“
bei: © Édition Plon, a Dept of Place des Editeurs, 2020

2. Auflage 2021
© fe-medienverlags GmbH
Hauptstr. 22, D-88353 Kißlegg
www.fe-medien.de

Layout: Renate Geisler

Druck: orthdruk, Bialystok, Polen

ISBN: 978-3-86357-321-8

Inhalt

Vorwort von Frédérique Agnès

Ich bin Yvonne im April 2019 bei Dreharbeiten zu einer Reportage begegnet. Es ging dabei um ein Stück Schokolade, das jemand in einem Konzentrationslager einer Frau überließ, die in den Wehen lag. Ein wunderbares Lehrstück über die Menschlichkeit. Die Gebärende war die Mutter von Yvonne. Und das Baby war sie.

Yvonne war damals fünfundsiebzig Jahre alt und ich fünfundvierzig. Eine herzliche Freundschaft besteht seitdem zwischen uns. Sie hatte kurz zuvor die Geschichte ihrer Mutter Hélène niedergeschrieben, einer Jüdin und Widerstandskämpferin, die nach Bergen-Belsen deportiert wurde. Aber ich fand, dass ihr eigenes Schicksal ebenso beeindruckend war. Das Schicksal einer Frau, die in einem Todeslager geboren und geprägt wurde durch diesen so einzigartigen Anfang ihres Lebens. Schließlich hat sie eingewilligt, darüber Zeugnis abzulegen und ihre Gedanken uns mitzuteilen.

Wir haben diese Gespräche aufgenommen. Ich habe ihren Bruder getroffen und Kontakte mit ihrer Schwester gehabt. Wir haben geschichtliche und biografische Bücher gelesen über die Besetzung Frankreichs, die Widerstandsbewegung und die Konzentrationslager. Hélène hatte 1987 mit ihrer Tochter darüber gesprochen, doch nur wenig. Wie schwer muss es für sie gewesen sein, von ihrem Kalvarienberg zu erzählen!

Doch einige Zeit vor ihrem Tod hat sie ihr auch Aufzeichnungen hinterlassen.

Auf dieses Quellenmaterial stützt sich dieses Buch. Es ist ein imaginäres Zwiegespräch zwischen Mutter und Tochter, die für alle Zeiten in Liebe und einem wechselseitigen Angewiesensein miteinander verbunden sind.

Foto von Hélène mit Yvonne auf dem Arm, 1946

Hélène

Ich heiße Hélène Salamon. Ich bin Jüdin. Ich bin 1905 in Polen geboren. Ich kam 1924 nach Frankreich. Ich bin Familienmutter und Hebamme. Und ab 1943 war ich im Widerstand. Das brachte mir die Verhaftung ein, Gefängnis und Folter, dann die Deportation in das KZ Bergen-Belsen in Deutschland. Ein Schicksal wie das vieler anderer auch. Nur mit dem einen Unterschied: Bei der Ankunft im Lager war ich schwanger im vierten Monat. Und nur von einem Gedanken beherrscht: mein Kind zur Welt zu bringen.

Yvonne

Ich heiße Yvonne Salamon. Ich bin Jüdin. Ohne Kinder. Psychiaterin. Geboren 1944 im Konzentrationslager Bergen-Belsen. Ich bin lebend aus der Hölle entkommen. Und sicher deswegen mit einer Kraft ausgestattet, die durch nichts geschwächt werden kann, und einer totalen und endgültigen Unabhängigkeit. Ich werde getragen von einem Gefühl der Unverwundbarkeit. Wie vielleicht viele der Überlebenden …

Hélène

Oktober 1942. Das Gerücht wird stärker: „Die Deutschen werden bald Marseille besetzen." Ich beschließe, meine Kinder zu verstecken. Mit seinen elf Jahren ist Georges schon ein kleiner Mann. Mein Ehemann Nathan kam schon vor drei Jahren in Gefangenschaft und mein Sohn sieht seine Aufgabe darin, ihn zu ersetzen und mir nach besten Kräften zu helfen. Ich schicke ihn zu einem Priester in den Basses-Alpes, wo er, wie ich später erfuhr, Messdiener war. Eine drollige Sache. Und meine kleine Maguy mit ihren erst fünf Jahren vertraue ich Madame Breuil in Saint-Julien an. Sie ist Witwe, kinderlos, großzügig und begütert. Ich weiß, dass meine Kiki es bei ihr gut haben wird. Dass sie immer genug zu essen haben wird und geliebt wird. Beim Abschied hat sie das Kleidchen an, das ihr Madame Breuil geschenkt hat. Eine kleine Dame in Marineblau und auf dem Kopf ein Rundhütchen, das mit einem elastischen, kratzenden Band unter dem Kinn gehalten wird. Sie ist es nicht gewohnt, so ausstaffiert zu sein, aber meine Tochter genießt es ganz stolz. Beim Weggehen zerbricht mir fast das Herz. Aber ich habe keine andere Wahl. Ich muss meine Kleinen beschützen.

Wieder zu Hause, setze ich mich auf den Boden des Wohnzimmers. Ich schaue auf den alten Sessel in braunem Velours, wo Nathan als seine Zeitung las. Ich fühle mich einsam und von allem abgeschnitten.

*

Im November nehmen die Deutschen schließlich Marseille ein. Ein Monat später ist der Judenstempel in unseren Papieren. Die

Gestapo und die Miliz verfolgen uns, die Ausübung meines Berufes als Hebamme wird mir verboten.

Da beschließe ich, zur Résistance zu gehen.

*

Es gelingt mir, unseren Freund Louis T.[1] aufzuspüren, der mit Nathan Medizin studierte. Als Chef einer Einheit in der Region Gard lebt er im Untergrund. Ich lerne unter seiner Anleitung schnell alles Nötige und werde Kurier. Mit falschen Ausweispapieren wie alle meine Kameraden. Wir besorgen sie uns aus den echten Geburtsregistern von Verstorbenen. Ich bin verantwortlich für das Besorgen. Das Vorgehen ist ziemlich einfach. Damals wurden in Frankreich die Verstorbenen in den Geburtsregistern nicht vermerkt.

Man braucht nur den Namen und den Geburtsort einer verstorbenen Person zu kennen und dann „in ihrem Namen" an das entsprechende Rathaus zu schreiben mit der Bitte, das Dokument an meine Adresse zu schicken. So bekomme ich den Auszug aus dem betreffenden Geburtsregister. Wenn ich dann Fotos und eine Wohnsitzbescheinigung dazufüge, erhalte ich einen „echten" falschen Ausweis, der vom Bürgermeisteramt ausgestellt ist. Vielleicht hat dieses manchmal beide Augen zugedrückt …

Bis zu dem Tag, als der verlangte Ausweis nicht ankommt. Ich werde langsam unruhig, sogar sehr unruhig. Habe ich einen Fehler gemacht? Habe ich das Netz der Résistance in Gefahr gebracht? Warum antwortet das Rathaus nicht? Ich bin doch

[1] Der Vorname wurde verändert zum Schutz der Person.

so vorgegangen wie immer und habe dem Brief die Auslagen beigefügt.

Schließlich sehe ich vor meinem Haus zwei Gendarmen aus dem Auto steigen. In dem kleinen Dorf, wohin ich geschrieben habe, wissen alle, dass der Mann, dessen Auszug aus dem Geburtsregister ich verlangt habe, verstorben ist. Ich kann mir leicht vorstellen, wie der Rathausangestellte gestutzt hat bei meinem Ersuchen. Er hatte die fatale Idee, bei den Behörden vorstellig zu werden.

Nun stehe ich zwei Polizisten gegenüber, einem ganz jungen und einem älteren. Sie verlangen eine Erklärung. Geistesgegenwärtig erfinde ich eine Geschichte, mit der ich sie etwas hinhalte. „Ja, ich warte auf einen Brief für einen Mann, der mich im Auftrag meines Ehemannes besucht hat, der Kriegsgefangener in Deutschland ist. Er hat mich gebeten, ob ich Post für ihn in Empfang nehmen könnte.“ Als der Polizist mir bei seiner Rückkehr seine Ermittlungen mitteilt, starre ich ihn an, denn wohlgemerkt, ich habe nicht gewusst, was in den Umschlägen ist. Der junge Polizist wird wütend, beschimpft mich als Lügnerin und droht, mich ins Gefängnis zu bringen. Der ältere teilt mir mit, dass er einen Bericht an die Behörden machen muss, und gibt mir vierundzwanzig Stunden Zeit, um ihm eine andere Antwort vorzulegen. Ich schreie laut: „Ich kann Ihnen keine andere Antwort geben, weil ich die Wahrheit sage!“

Am nächsten Tag kommt der ältere wieder zurück, diesmal alleine. Er will mich ohne Zeugen sprechen, denn er ist zweifellos ebenso tätig wie ich … dann gibt er mir zu verstehen, dass er in Kontakt mit der Résistance sei.

Ich lasse mir nichts anmerken und antworte ihm ganz trocken: „Herr Polizist, ich weiß nicht, worauf Sie hinauswollen.

Ich mache nichts anderes als das, was mit meinem Beruf als Hebamme zu tun hat. Das Einzige, was ich zugeben muss, ist, dass ich Post angenommen habe für einen ehemaligen Kriegsgefangenen, der mich aufgesucht hat mit der Bitte meines Ehemannes, der ebenfalls Kriegsgefangener ist.“ Der Polizist scheint nicht überzeugt zu sein und wiederholt, dass er seine Vorgesetzten über den Vorgang informieren muss. „Also gut, sagen Sie die Wahrheit in Ihrem Bericht.“

Er kommt noch mehrmals vorbei, er scheint ziemlich durcheinander zu sein. Sein Verhalten berührt mich. Ich sehe, dass er für mich Sympathie empfindet und mir keine Scherereien machen will. Trotz meiner Verschwiegenheit wegen meiner geheimen Tätigkeiten spürt der biedere Schutzmann, dass da etwas faul ist. Ich habe dann wegen dieser Sache nichts mehr gehört. Einige Wochen später sollte ich dann aus einem anderen Grunde verhaftet werden.

Als ich 1945 in der Canebière, der großen Einkaufsstraße von Marseille, „meinen“ Gendarm wiedertreffe, ist er ganz glücklich, mich zu sehen. Er hatte befürchtet, dass meine Verhaftung eine Folge seines Berichtes gewesen sein könnte: „Ich habe ihn aber so abgefasst, dass Sie entlastet sind.“ Als ich ihn beruhige, erinnert mich sein Lächeln an die vielen Zeichen der Solidarität mit uns, den Widerstandskämpfern. An alle diejenigen, die uns geholfen haben, wie sie konnten. Wenn auch keiner im Geschichtsbuch steht, so hat doch jeder etwas zum Ganzen beigetragen: einen kleinen Stein oder einen großen Felsen.

*

Meine Aufgabe im Netzwerk der Résistance besteht darin, dass ich Nachrichten zu verschiedenen Abteilungen bringe und von Stadt zu Stadt reise. Manchmal gehen die Umschläge von Hand zu Hand, andere stecke ich in Briefkästen, die mir angegeben wurden, oder ich gebe sie bei Geschäftsleuten ab, die eingeweiht sind. Aus Sicherheitsgründen darf ich sie nicht öffnen, geschweige denn lesen. Eine der Grundregeln lautet: so wenig wie möglich wissen.

*

9. Februar 1944. Ich bin im Zug und alles geht nach Plan. In Sète sehe ich Louis einsteigen. Ich wechsle den Platz und setze mich neben ihn. Er gibt mir einen großen Umschlag, den ich in meine Ledertasche stecke. Wir wechseln ein paar Worte, bevor er in Montpellier aussteigt, während ich meine Fahrt nach Nîmes fortsetze.

An diesem Tag ist schönes Wetter. Ich flaniere um die Arenen bis zu den Gärten mit dem Springbrunnen und bin nicht nervöser als sonst, weil ich diesen Auftrag schon mehrmals erledigt hatte. Gleiche Reise, gleicher Umschlag. Aber vielleicht bin ich nicht vorsichtig genug. Denn am anderen Tag, als ich den Zug wieder zurück nach Alès nehmen will, packen mich zwei Männer und zwingen mich in ein Auto. Wir kommen bald an einem wunderschönen Gebäude an, das ich vom Hörensagen nur zu gut kenne. Es ist berüchtigt. Aber da ich es jetzt sehe, zittere ich. Ich bin vor dem Hotel „Silhol“, das von der Miliz von Nîmes beschlagnahmt wurde. Und die Miliz ist eine französische Hilfsorganisation der deutschen Gestapo.

Drinnen filzt man mich gründlich. Alle Säume meines Mantels werden aufgeschlitzt. Dann werde ich in ein großes Zimmer geführt. Ein Mann und eine Frau, die anscheinend zusammengehören, sitzen mir gegenüber. Und noch einige andere Personen. „Wir haben die Papiere gelesen, die in Ihrer Tasche waren. Hoch interessant! Ein richtiger Schatz für Résistancejäger. Wir kennen einige Personen, die darin vorkommen. Zum Beispiel Louis T. Welche Funktion hat er?"

Ein schweres Zittern überkommt mich, jetzt wird es ernst. Ich brauche heute nichts zu beschönigen, jetzt habe ich wirklich Angst. In der Folge lüge ich natürlich. „Louis ist ein alter Freund. Er hat mich aufgesucht. Als Arzt ist er sehr beschäftigt. So hat er mich gebeten, dass ich Briefe zu einigen Bekannten bringe. Ich weiß nicht, was darinstand. Ich versichere es Ihnen. Sie sagen, dass Louis Mitglied der Résistance sei. Aber ich wusste das nicht!"

Mein Mund ist trocken. Meine Kehle auch. Ich möchte ein Glas Wasser, das man mir aber verweigert. Mein endloser Leidensweg beginnt.

*

Ich werde in einen feuchten und dunklen Keller gesperrt, der keinerlei Öffnungen hat. Auch kein Bett. Ich schlafe in meinen Kleidern, zusammengekrümmt auf dem Boden. Acht Tage liege ich so in dieser Zelle, schlotternd vor Kälte, ohne Nahrung und auch fast ohne Wasser. Meine Menstruation ist ausgeblieben, ich merke, dass ich schwanger bin. Ich frage mich, wie lange man so eine Entkräftung aushalten kann und wie viel Tage es noch dauern wird, bis ich verhungert und verdurstet bin. Mein

Mund brennt wie Feuer, meine Lippen sind aufgeplatzt. Und dann sind da noch die Verhöre, in denen man die Namen meiner Kameraden herauspressen will. Ich bleibe standhaft.

Die Wächter pochen oft an die Tür, sicherlich nur, um mir den Schlaf zu nehmen. Und manchmal fangen sie an zu singen nach der Melodie des Revolutionsliedes „Carmagnole“: „So, so, so wird's gemacht, die Gaullisten an die Laternen. So, so, so wird's gemacht. Die Gaullisten werden aufgehängt.“ Wie gerne möchte ich mit mir Schluss machen. Aber der Gedanke an mein Baby verhindert dies. Du bist es noch nicht. Im ersten Schwangerschaftsmonat ist es noch nicht einmal ein Fötus. Aber in meinem Bewusstsein bist du schon ein Du.

*

Am frühen Nachmittag des neunten Tages holt man mich aus dem Keller heraus. Ich bekomme Wasser und ein Stück Brot. Ich merke, wie mich wieder Energie durchpulst. Ich bin wieder zum Leben erwacht. Ich werde in ein Auto gestoßen. Kurz darauf ist Louis da. Mit verbundenen Augen. Also war er die gleiche Zeit wie ich hier. Wann haben sie ihn verhaftet? Haben sie ihn zum Reden gebracht? Ich denke nicht. Ich kenne ihn. Er hat natürlich nichts gesagt.

Vor dem Auto nimmt man ihm die Augenbinden ab. Er ist genauso überrascht wie ich. Man legt uns Handschellen an und ein Milizionär mit einem Knüppel setzt sich zwischen uns. Wir dürfen nicht miteinander sprechen, aber das Bedürfnis dazu ist stärker als meine Beherrschung: „Wann haben sie dich ge …?“ Ich hatte keine Zeit, den Satz zu beenden und schon bringt ein Schlag auf mein Knie mich brutal zum Schweigen.

*

Nach einer stundenlangen Autofahrt und einem Zwischenstopp in Lyon kommen wir nach Vichy. Dort geht es wieder in die Keller. Louis wird in eine Zelle gesteckt, ich ebenfalls in eine am anderen Ende des Ganges. Dieses Mal gibt man mir zu essen. Ein großes Glas mit Wasser und eine ordentliche Ration Ragout. Ich mache mich darüber her. Ein Fehler! Ich bekomme solche Magenkrämpfe, dass ich mich vor Schmerz zusammenkrümme. Ich habe zu schnell gegessen.

Wieder Verhöre. Immer wieder mit den gleichen Fragen. Mit den gleichen Drohungen. „Du solltest sprechen, weißt du." Sie halten mir einen Spiegel vors Gesicht. „Schau dich an. Du siehst erbärmlich aus. Du wirst ja sowieso sprechen. Und so könntest du dir deine Leiden ersparen. Wir wollen dir nichts Übles, aber wenn du dich weigerst, uns zu helfen, dann müssen wir dir leider noch etwas ganz anderes antun, was weniger hübsch ist …"

Ich spreche keine Silbe. Einer von ihnen verabreicht mir eine Ohrfeige, die mich zu Boden wirft.

Heute kann ich es zugeben, mein ganzer Körper hat sich geschüttelt vor Weinen.

Als ich wieder in der Zelle bin, höre ich Louis von Weitem rufen. Endlich, er ruft nach mir, er fleht mich an. Er leidet. Ich antworte ihm, um ihm Mut zu machen. Niemand kann sich vorstellen, wie diese wenigen Worte mir guttun. Ich klammere mich an sie. Ich bin nicht allein.

*

Zehn Tage werde ich hier verbringen. Ich weiß nicht, wie viel Male man mir in diesen zehn Tagen Essen brachte. Drei, vier, vielleicht fünf. Was ich weiß, ist, dass ich oft vor Hunger laut geheult habe. Aber sie haben nicht darauf geachtet.

Dann der Augenblick, wo die beiden Milizionäre mir mit einer Mischung von Ekel und Häme angekündigt haben, dass sie mich der Gestapo übergeben werden.

Ich habe nur noch einen Wunsch: sterben. Ich bin am Ende meiner Kraft. Und dann denke ich an dich und dieser eine Gedanke ist wie ein Licht.

*

Sie zerren mich aus dem Keller, stoßen mich vor sich her, geben mir Ohrfeigen und schlagen mich. Louis wird genauso behandelt. Mit dem Auto fahren sie uns zum Hotel „Portugal". Ein schönes Hotel, jetzt Sitz der Gestapo.

Kein Keller, kein unendlich langes Warten, ich werde sofort zum Verhör geholt. Ich bin wie tot vor lauter Angst.

Eine Treppe. Eine andere Etage. Dort warten mehrere Männer auf mich. Da ist der Chef der Gestapo, neben ihm ein bulliger Kleiderschrank von Mensch und ein anderer, etwas zierlicherer. „Es scheint, dass Sie nicht mit uns sprechen wollen. Das trifft sich gut. Wir wollen Ihnen auch nicht zuhören." Keine weiteren Fragen, nur Schläge, die mit einer unerhörten Wucht ausgeführt werden. Ich bin total zusammengeschlagen, als man mich in das Kellergeschoss bringt. Immerhin besser als noch mehr Schläge. Ich halte mich nicht mehr auf den Beinen. Ich werde einen Gang entlanggeschleift. Auf beiden Seiten Türen, die oben Gucklöcher haben. Die beiden Wärter werfen mich in eine Zelle. Die Tür knallt. Ein Schlüssel wird herumgedreht. Ich höre, wie ihre Schritte sich entfernen. Dann Stille.

Erschöpft, übel zugerichtet und ausgehungert sacke ich auf der Pritsche zusammen. Ich denke an meinen Ehemann Nathan. An meine Kinder Georges und Maguy. Werde ich sie wiedersehen? Als Widerstandskämpferin und Jüdin habe ich wenig Chancen, den Krallen der Gestapo lebend zu entkommen.

*

Ich weiß nicht, wie lange ich in dieser Niedergeschlagenheit zubrachte, als ich ein Flüstern vernahm: „Kameradin, Kameradin, guten Tag!" Ich stehe auf und gehe zur Türe. Die Stimme kommt von gegenüber. „Kameradin, Sie sind jetzt in der Zelle meines Freundes Camille, den man vor Kurzem weggebracht hat. Ich heiße Noël." Ich stehe auf den Zehenspitzen meiner angeschwollenen Füße, habe das Ohr an das Guckloch gepresst und höre die Leidensgeschichte eines großen und netten Jungen, Camille Leclanché von Clermont-Ferrand. Dieser kam vor Kurzem aus meiner Zelle. Sein Schicksal ist unbekannt.

Auch Noël kommt aus Clermont-Ferrand. „Sie werden ihn nach dem Sieg wiedersehen", sage ich zu ihm, „sie haben ihn sicher in ein Arbeitslager gesteckt." Wer konnte sich auch die Existenz der Todeslager vorstellen, aus denen so wenige wieder herausgekommen sind? Ich habe später erfahren, dass Camille auf keine der unzähligen Fragen unserer Henker geantwortet hat. Nach der Meinung mancher soll er hier in Vichy zu Tode gekommen sein oder in Dachau in Deutschland.

„Hélène, man wird Sie gleich aus Ihrer Zelle holen zum Waschraum. Unter dem WC-Becken werden Sie ein Stück Zucker finden." – „Danke, Noël." – „Nur Mut, Hélène!"

Auf den Toiletten finde ich tatsächlich ein Stück Zucker unter dem WC. Ich habe oft an diesen Augenblick gedacht, denn noch nie hat Zucker solch einen Geschmack gehabt. Nämlich den der Solidarität und der Freundschaft, wenn diejenigen, die fast nichts haben, mit denen teilen, die noch weniger haben.

*

Am gleichen Abend nach dem Austeilen der armseligen Suppe und dem Verschließen der Zellen ist wieder große Stille. Nach einiger Zeit höre ich das Geräusch der schweren Schritte des Wärters. Ein neuer Gefangener wird gebracht. Meine Tür wird geöffnet, ein zartgliedriges Mädchen wird hereingebracht. Wir schauen uns an. Ich muss wohl schrecklich aussehen, denn sie fragt mich ganz verwirrt, was sie mit mir gemacht haben. Ich sage darauf nichts.

„Ich heiße Simone. Ich habe heute für meine Mutter Wechselwäsche zu meinem Bruder Camille Leclanché gebracht. Und da hat man mich festgenommen. Sie haben mir gesagt, sie wollen bloß ein paar Fragen über ihn stellen. Ich kann schon morgen wieder gehen." Sie schien es zu glauben. Ich will sie nicht beunruhigen. Also bleibe ich stumm.

Nachdem Simone mich mit ihren gutmütigen Augen gründlich angeschaut hat, lässt sie ihre Blicke umherschweifen und versucht, die Inschriften auf den Mauern zu entziffern. Sie sagt plötzlich zu mir: „War mein Bruder in dieser Zelle? Diese Linien eines Rätselspiels an der Wand sind bestimmt von ihm. Zu

Hause verbrachte er immer viel Zeit damit. Ist er hier? Sind Sie ihm begegnet? Wissen Sie etwas über ihn?

„Leider, nein. Ich weiß nichts. Aber sie müssen seinen Freund Noël kennen. Er ist in der Zelle gegenüber. Sie können mit ihm durch das Guckloch sprechen."

„Noël? Er ist hier?"

Das ist so, wie wenn die Sonne in dieses finstere Loch geschienen hätte. Die junge Frau presst sich an die Tür. Und stundenlang beruhigt Noël sie mit seiner sanften Stimme, so gut er kann. Er versichert ihr, dass es Camille gutgeht, dass er gut drauf war, als er wegkam. Simone wird nicht entlassen werden. Weder am nächsten Tag noch später. Ohne irgendeinen Beweis ihrer Zugehörigkeit zur Résistance, sondern nur aufgrund der Tatsache, dass sie ihrem Bruder Wäsche gebracht hat und auch, weil sie nichts über den Verbleib ihres anderen Bruders Edmond weiß, wird sie deportiert, ins Kommando Holleischen bei Ravensbrück gesteckt, wo sie nur knapp dem Tode entkommen wird.

Noël, mit seinem richtigen Namen Léon Garmy, ist wahrscheinlich nie aus Vichy herausgekommen. Sein Körper wurde nie gefunden.

*

Ich sollte mit Simone und Noël nicht lange beisammen sein.

Einige Tage später verfrachtet man mich mit Louis in einen Lieferwagen, wo schon andere Unglückliche sitzen. Wir werden ins Gefängnis von Moulins gebracht. Dort werden Männer und Frauen getrennt. Louis auf eine Seite, ich auf die andere.

Ich sitze von da an in einer ganz kleinen, kalten Zelle, die sehr feucht ist, ohne Tageslicht. Morgens gibt es eine Art undefinierbaren Kaffee, der immerhin warm ist. Mittags eine Suppe und abends ein Stück Brot. Das ist wenig, aber ich bekomme wenigstens zweimal Nahrung pro Tag.

In diesem Verlies mache ich alles Mögliche, um wieder Mut zu fassen, und warte aufmerksam auf die ersten Lebenszeichen meines Babys. Und da merke ich in meinem Körper sanfte Bewegungen. Im Nachhinein glaube ich, dass ich sie geträumt habe, aber es hat mir gutgetan. Denn ich lebte mit einer tiefsitzenden Angst in mir.

*

Nachdem ich zwei Monate von Stadt zu Stadt verschleppt wurde, von Zellenloch zu Zellenloch, in Händen von brutalen Franzosen und Deutschen, strande ich Anfang April 1944 im Lager von Drancy nahe bei Paris. Drei lange Gebäudekomplexe in U-Form, das Ganze mit Stacheldraht umzäunt. Im Hof Tausende von Männern, Frauen, Kindern, Alten und Invaliden. Dutzende von französischen Polizisten mit umgehängtem Gewehr sorgen für Ordnung. Aber die deutsche SS leitet das Ganze. Kaum bin ich angekommen, da werde ich auch schon wieder verhört: „Name, Vorname, Geburtsdatum, Nationalität? Hast du eine Familie? Wo ist sie?“ In Moulins haben mir Mitgefangene beigebracht, dass ich als Frau eines Kriegsgefangenen durch die Genfer Konvention geschützt sei und dass ich mit diesem Status eine Sonderbehandlung bekomme. So habe ich dieses Mal in Drancy meine wirkliche Identität preisgegeben. Ich sage diesen Soldaten, dass mein Mann, Nathan Salamon,

Leutnant ist, Kriegsgefangener ist und nach Deutschland deportiert wurde. Zudem sage ich, dass wir keine Kinder haben. Man bringt mich zu den Schlafsälen. Ich bekomme ein Bett, bestehend aus einem eisernen Gestell, eine Matratze und eine graue Decke.

In Drancy lebe ich in beständigem Terror. Die SS sind wie wilde Tiere. Der Gefürchtetste ist der Lagerkommandant, Alois Brunner. Dicker Hals, schmalbrüstig, aber vor allem kalte Augen und eine fast sanfte Stimme. Eiseskälte. Sobald er in die Nähe kommt, zittere ich. Alle zittern. Wir wissen, dass er jeden Moment einen Wutausbruch haben kann, dass er mit unbeschreiblichem Hass und mit Gewalt sogar fähig ist, eine Frau zusammenzuschlagen, bis sie das Bewusstsein verliert. Ich habe auch gesehen, wie er einige an den Haaren am Boden schleifte.

*

Und jeden Tag kommen neue Menschen nach Drancy, hauptsächlich Juden, oft ganze Familien. Und regelmäßig werden welche weggebracht. Mehrmals in der Woche verlassen brechend volle Busse das Lager. Man sagt uns, dass sie nach Osten zur Arbeit abtransportiert werden. Arbeiten? Aber warum fahren die Kinder, die Greise, die Invaliden auch zur Arbeit?

Das Wort, das man für ihren neuen Ort gebraucht, ist jiddisch: *Pitchipoï*, die Entsprechung zu „Pétaouchnock“. Sie fahren nach *Pitchipoï,* einem unbekannten, geheimnisvollen Ort. Nach einem unheimlichen Ort.

Historische Rückblende
Drancy

Drancy liegt einige Kilometer im Nordosten von Paris und war ab 1941 eines der wichtigsten Internierungslager für französische Juden. Von März 1942 bis August 1944 wurde Drancy unter Bewachung französischer Gendarmen die letzte Zwischenstation vor der Deportation in die Vernichtungslager. Sie wurde „Vorzimmer des Todes“ genannt.

Nach den Angaben auf dem Memorial der Schoah wurden dort zwischen 70 000 und 80 000 Juden gefangen gehalten. Von diesen wurden 63 000 deportiert, hauptsächlich nach Auschwitz-Birkenau in Polen. Aber auch in andere Lager, besonders nach Bergen-Belsen in Deutschland. Weniger als 2 000 kamen wieder zurück.

Der von Hélène erwähnte Alois Brunner, ein SS-Offizier, war von 1943 bis August 1944 Lagerkommandant. Er war auch die rechte Hand von Adolf Eichmann, einem hohen Nazi-Funktionär, der für das Dritte Reich mit der Praxis der „Endlösung“ beauftragt war: der Vernichtung der Juden in Europa.

Nach der Befreiung war er einer der meistgesuchtesten Kriegsverbrecher. Er lebte einige Jahre versteckt in Deutschland, bevor ihm die Flucht nach Ägypten gelang (1953), dann nach Syrien (1954). Er wurde in Frankreich in Abwesenheit wegen Kriegsverbrechen und Verbrechen gegen die Menschlichkeit zum Tode verurteilt. Er lebte bis zu seinem Tode in Damaskus, da Syrien seine Auslieferung verweigert hatte.

Yvonne

Wie soll man nicht einen revolutionären Geist haben, wenn man die Tochter einer Revoluzzerin ist, einer Widerstandskämpferin in allen Facetten der Wortbedeutung? War er in deinen Genen und hast du ihn mir vererbt? Oder hast du ihn mir beigebracht? Auf jeden Fall scheint es mir so, dass ich ihn immer gehabt habe.

Schon in der Grundschule. Ich kämpfe darum, dass ich Sprecherin werde. Mit meinem eisernen Willen und meinem widerspenstigen Wesen werde ich immer wieder gewählt. Da ich immer die Klassenbeste bin, habe ich einen gewissen Vertrauenskredit bei den Lehrern und bei der Schulleitung. Bei den Klassenbesprechungen und bei Disziplinarfällen nehme ich mein Amt voll wahr. Ich pauke eine ganze Reihe von Schülern wieder heraus. Mit einem für dieses Alter nicht üblichen sicheren Auftreten greife ich oft ein, ohne dass meine Stimme zittert, und ich kämpfe für Strafmilderungen oder Schonungen für Kameraden, die eine Nummer zu hoch gepokert haben. Ich bin ihre Rechtsanwältin und gewinne oft!

Ich kämpfe in vielen Bereichen. Als ich in die weiterführende Schule und dann ins Gymnasium wechsle, ist das Tragen von Hosen für Mädchen nicht gestattet. Dieser Anordnung widersetze ich mich. Mama, du unterstützt mich in diesem Kampf der Avantgarde und nähst mir Hosenröcke. Unifarbener Stoff, blau, grau oder schwarz, der Saum gerade über dem Knie, wie eine kurze Hose. Das mag einem heute lächerlich vorkommen, aber damals ging es über die rote Linie. Ich bin sehr stolz, als ich diese Kleidung am ersten Tag trage. Meine Freundinnen in ihren Kleidern schauen mich neugierig an. Ich strecke meine Brust heraus. Ich bin ein Mädchen, aber kein unterwürfiges.

*

Algerienkrieg in den Sechzigerjahren. Mit meinen sechzehn Jahren interessiere ich mich stark für Politik und verfolge aufmerksam, was auf der anderen Seite des Mittelmeeres geschieht. An einem schönen Sonnentag nehme ich die Straßenbahn, um in die Stadt zu fahren, als ich Zeuge werde, wie ein algerischer Arbeiter von einem Legionär in Uniform beschimpft wird. Mir nichts, dir nichts stehe ich auf und gehe dazwischen. Man muss sich das vorstellen. Ein Knirps gegen einen Kleiderschrank. Aber ich habe einen solchen Groll wegen dieser Ungerechtigkeit, dass es mir auf eine Schlägerei mit diesem Koloss nicht ankäme! Vielleicht ahne ich auch in meinem tiefsten Innern, dass er die Hand nicht gegen eine Frau erheben würde, noch weniger gegen ein Mädchen. Niemand im Abteil rührt sich, der Legionär durchbohrt mich mit seinem Blick und zischt den Algerier an: „Heute hast du aber Glück gehabt."

*

Etwa zu jener Zeit probe ich einen leidenschaftlichen Aufstand in die Unabhängigkeit. Ich muss mich unbedingt wegen dir und auch wegen mir abnabeln.

Ich werfe den Fehdehandschuh, ich lege den Vornamen Yvonne ab, den du mir gegeben hast, denjenigen, den du angenommen hast, als du in den Widerstand gegangen bist. Obwohl Papa und du immer von der Furcht eines wiederkehrenden

Antisemitismus geplagt wurdet, obwohl ihr nur Eines gewollt habt, nämlich unsere unauffällige Integration, bestehe ich auf meinen Wurzeln des aschkenasischen Judentums. Ich treffe eine Entscheidung und nenne mich Ivitch. Ein in der Literatur sehr wichtiger Name, ich sehe in ihm eine Ehrung für den gleichen Namen in DIE WEGE DER FREIHEIT von Jean-Paul Sartre. Ivitch, frei, freisinnig.

Papa und du, ihr reagiert wie immer. Ihr sagt nichts. Warst du verletzt? Warst du mir böse? Wenn das so ist, habe ich es doch nie erfahren.

*

Studienjahre in Aix-en-Provence. Mit kaum neunzehn mache ich die Erfahrung des Lebens in einer Kommune. In einem alten Schloss treffe ich auf Schauspieler, Maler, Künstler jeder Art, alle sind politisch links. Dieses Leben ist für mich unvergesslich, es ist bisweilen spartanisch einfach, aber in nie verschlossenen Räumen mit fröhlichen, turbulenten und exzessiven Mahlzeiten. Ich mag das konventionelle Leben nicht. Und dieses sagt mir zu.

Hier versuche ich, mich von dir zu trennen. Und in dieser Suche nach Freiheit begleitet mich ein Buch von André Gide „Die Früchte der Erde". Ich weiß daraus noch einen Satz auswendig: „Es genügt nicht zu lesen, dass am Strand der Sand sanft ist; ich will, dass meine nackten Füße es auch spüren." Eine Lobrede auf die Sinnlichkeit.

Jahrelang knüpfe ich Liebesbeziehungen zuhauf. Ich brauche bis zu meinem achtunddreißigsten Lebensjahr, um eine dauerhafte Beziehung zu akzeptieren. Vielleicht hast auch du einen Anteil daran? Wenn man in solch einer Mutterliebe geschwommen ist, wenn die Beziehung bis zu dieser wechselseitigen Abhängigkeit gediehen ist, ist dann noch Platz für eine andere Liebesbeziehung? Romain Gary sagt es so viel besser als ich, wenn er schreibt: „Mit der Mutterliebe gibt euch das Leben schon ganz am Anfang ein Versprechen, das es nie halten wird. Man wird bis ans Lebensende auf Schmalkost gesetzt. Wenn man dann von einer Frau in die Arme genommen und ans Herz gepresst wird, sind das nur Beileidsbezeigungen. Man kehrt immer wieder ans Grab der Mutter und jault wie ein verlassener Hund. Nie wieder! Nie wieder! Nie wieder! Wunderbare Arme schlingen sich einem um den Hals und süße Lippen flüstern von Liebe, aber man weiß Bescheid. Man war zu früh an der Quelle und hat schon alles getrunken. Wenn einem der Durst wieder überkommt, kann man nach allen Seiten greifen, da ist kein Schöpfbrunnen, nur Luftspiegelungen“ (Romain Gary: La Promesse de l´aube / Frühes Versprechen, Gallimard 1960).

*

Damals habe ich also versucht, das unsichtbare Band zu zerschneiden, das uns zusammenhielt. Aber habe ich es geschafft? Im Grunde glaube ich es nicht. Ich denke, im Gegenteil. Sicher, ich habe mein ganzes Leben lang als freie Frau gehandelt, aber sehr oft doch so, dass du stolz sein kannst auf mich.

Wenn ich 1976 meinen Beruf als Logopädin aufgebe und Medizin studiere, mache ich es für dich. Denn du hast mir immer gesagt, dass das der einzige Lebensweg ist, der in deinen Augen zählte. Mit zweiunddreißig entscheide ich mich, eine Arbeit aufzugeben, die ich liebe und von der ich sehr gut lebe.

Ich stürze mich auf Pump in das Studium. Acht Jahre unerhört harte Arbeit, von acht Uhr morgens bis Mitternacht, und das jeden Tag. Dann noch vier Jahre Psychiatrie. Am Ende das große Glück. Ich bin die Beste von 670 Studierenden. Aber ich bin mit vierundvierzig Jahren auch die Älteste!

Wenn ich auch diesen Weg gegangen bin, um den Stolz in deinen Augen blinken zu sehen, so bedaure ich ihn doch nicht. Nicht eine Sekunde. Denn die Praxis als Psychiaterin hat es mir ermöglicht, der menschlichen Verrücktheit zu begegnen – der Schizophrenie und anderen Psychosen, die mich noch dreißig Jahre später leidenschaftlich beschäftigen.

Und habe ich dann nicht so wie du während meines ganzen Lebens die Zeit am Krankenbett der Menschen zugebracht, vor allem bei den hilflosesten? Und als ich meine private Praxis öffnete, habe ich zum gleichen Honorar wie im Timone-Spital die Patienten behandelt. In Marseille hat man mir den Spitznamen gegeben: die Armendoktorin. Und darauf wärst du stolz gewesen!

Yvonne im Alter von vier Jahren

Hélène

Anfang Mai 1944 werden einige Dutzend Frauen und Kinder am Stacheldrahtzaun vor dem Eingang versammelt. Wir sind die Vermögenden des Lagers. Wir sind alle Frauen von Kriegsgefangenen und wegen dieses Status haben wir die Erlaubnis, Gepäck zu haben. Die Mütter halten ganz fest in ihrer Hand kleine Koffer. Ich habe außer den Kleidern, die ich seit meiner Verhaftung trage, nichts als ein Bündel, in das ich etwas Essbares gestopft habe. Als die Kolonne sich in Bewegung setzt, werden Lieder gesungen. „Es ist nur ein Wiedersehen, kein Adieu" wird zuerst gesungen, dann die Marseillaise. Jedes Mal, wenn Franzosen das Lager verlassen, das gleiche Ritual. Die Zurückgebliebenen begleiten sie mit ihrem Gesang.

Still klettern wir in die mit Planen bedeckten Lastwagen. Man weiß nicht, ob man Angst haben oder sich freuen soll. Kommt es daher, dass man Paris vorbeiziehen sieht durch die Löcher in der Lastwagenplane? Jedenfalls schöpfen einige wieder Hoffnung. Mir gelingt das nicht. Ich weiß nicht, wohin es geht, und das macht mir schreckliche Angst.

Aussteigen am Pariser Ostbahnhof. Wenn man einen Zug braucht, geht es weit fort. Wir steigen in einen Wagen dritter Klasse. Ich setze mich auf eine der Holzbänke. Glücklicherweise habe ich Brot, Zucker und Kekse, denn während der zweitägigen Reise bekommen wir nichts. Aber vorsichtigerweise hüte ich mich, alles zu essen.

Der Zug fährt durch Belgien, dann nach Deutschland. Endstation: Bergen-Belsen im Norden des Landes. Auch hier ist das Lager mit Stacheldraht abgesichert und von Wachtürmen flankiert. Das ist aber das einzige Gemeinsame mit Drancy, denn alles andere ist viel schlimmer.

*

Brüllende deutsche Soldaten mit Peitschen und unaufhörlich bellenden Hunden. Sie zählen uns und zählen uns noch einmal, ohne dass wir verstehen, warum. Auf der anderen Seite des Stacheldrahtes sind Gefangene in gestreiften Anzügen, die uns beobachten. Ihr Blick ist leer oder gierig, ich weiß es nicht mehr. Alles ein einziger Angriff. Über allem ein unerträglicher Pestilenzgeruch. Später werde ich es verstehen, dass der von den verbrannten Körpern aus den Krematorien am anderen Ende des Lagers kommt.

Wir gehen die Lagerhauptstraße hinunter, Baracken auf beiden Seiten, die sogenannten Blöcke. Wir werden zu unserem geführt. Vor dem Hineingehen werden wir wieder gezählt. Das ist so eine Manie. Unsere Baracke ist identisch mit den anderen. Ich stelle fest: keine Heizung, die Bettstellen in drei Etagen übereinander. Ein Strohsack für zwei. Für jeden eine dünne Decke. Ich bin im vierten Monat schwanger. Und hier werde ich dich gebären müssen.

*

Wir werden sofort in die Gemeinschaftsdusche geführt. Das dauert Stunden, denn das Wasser kommt nicht. Wir sind nackt, Frauen und Kinder durcheinander. Abschätzige Blicke der deutschen Soldaten, die uns beobachten. Von diesem Moment an fühle ich mich durch diese Blicke nicht mehr wie ein Mensch, sondern wie ein Tier.

Hélène

Das Schlimmste ist der Hunger gewesen. Er kam wie ein Überfall und hat mich nie mehr losgelassen. Hungern ist ein ununterbrochener Schmerz. Eine Folter.

Mittags und abends bekommen wir nur eine Suppe. Eigentlich einen halben Schöpfer einer lauwarmen Flüssigkeit, in der ab und zu Gemüsestückchen schwimmen, ein Blatt, einige Rübenreste. Jede Woche bekommen wir ein viereckiges Brot. Kompakt und schwarz, meist trocken, aber die kostbarste Nahrung im Lager, denn mit Abstand ist sie die nahrhafteste. Für mich ist es vor allem ein Zahlungsmittel. Denn damit versorge ich mich mit Stoffresten, die später deine Windeln werden, und mit ein wenig Milchpulver. Ich glaube, die hat dich am Leben erhalten.

*

Während dieser langen Monate denke ich oft an meine Kindheit im Hause meiner Eltern in Warschau und an den Seder. Der Seder ist das Ritual des Paschafestes, das jüdische Ostern, ein wichtiges Ereignis bei uns. Meine Mutter war die ganze Zeit in der Küche mit der sorgfältigen Zubereitung der Gerichte beschäftigt. Der Duft von Hühnerbrühe durchzog das ganze Haus. Eine Hühnerbouillon mit den „Lockschen", dem köstlichen Nudelgericht …

Wenn ich lebend aus dieser Hölle herauskomme, werde ich dies jeden Tag essen, und zwar den ganzen Tag. Das nehme ich mir fest vor. Ich ertappe mich und so geht es allen anderen auch, dass ich nur noch von gutem Essen träume. Süße Träume, um uns über den Hunger hinwegzutäuschen, der unseren Körper zerfrisst.

*

Ich wiege nur noch etwa dreißig Kilo. Und dennoch ist mein Bauch aufgedunsen. Ein Hungersymptom. Aber da wir alle so aussehen, merken die SS-Leute nichts von meiner Schwangerschaft.

Eine noch größere Angst, als dass dieser Zustand von den Deutschen entdeckt wird, ist die, dass ich dich verlieren könnte. In meinem Kopf gehe ich noch einmal die Kurse während meiner Ausbildung zur Hebamme durch. Die Ernährung der werdenden Mütter war dabei sehr wichtig, auch das, was der Fötus für sein Wachstum braucht. Ich weiß somit, dass weder ich noch mein Baby das haben werden, was wir bräuchten.

*

Und die Lage wird immer schlimmer. Während der Monate, als sich das Lager täglich mit immer mehr Deportierten füllt, werden die armseligen Mahlzeiten immer zufälliger.

Ich lausche unentwegt auf irgendein Zeichen aus meinem Bauch. Und dann merke ich, wie du dich bewegst hast. Oh, es war ganz schwach, aber das half mir so sehr! Mein Baby lebt. Du lebst. Und du entwickelst dich. Das erfüllte mich mit einer unglaublichen Kraft, mit so viel Hoffnung.

Ich habe die Gewissheit, dass du leben wirst. Und so schütze ich meinen Bauch, so gut ich vermag. Und ich sage mir immer wieder: „Welch ein Glück, dass mein Baby da ist. Es hat warm und nicht zu großen Hunger." Wenigstens hoffe ich das …

*

Ich bin wild entschlossen, dich zur Welt zu bringen. Denn ich will, dass das Leben in dieser Welt des Todes siegt. Das wird meine ganze Leidenschaft. Vielleicht meine Rettungsplanke. Dieser Wunsch, diese verrückte Hoffnung haben mir geholfen, durchzuhalten, da bin ich mir sicher. Dank deines Daseins, meine Tochter, konnte ich mich vergessen. Ich konnte über meine Leiden hinausgehen und die Momente der Verzweiflung überwinden. Es ist manchmal leichter, jemand anderen zu retten als sich selbst. Ich habe gehandelt wie jene Mütter, die neben mir sich für ihre Kinder opferten und ihnen ihre Ration überließen, wenn der Hunger für die Kleinen nicht mehr erträglich war. Wie viele sind bei dieser Rettung gestorben?

Yvonne

Nach unserer Befreiung im April 1945 warst du von einem anderen Gedanken besessen: mich zu füttern. Und zwar viel. Zu viel. Bis zu meinem fünfzehnten Lebensjahr kamst du jeden Abend vor dem Einschlafen in mein Zimmer und brachtest mir Obst. Ich hörte dich die Stufen heraufkommen. Nach der letzten noch einige Sekunden und du hast an meine Tür geklopft. Die einzige Frage, die ich mir stellte: Was für eine Frucht ist es dieses Mal? Eine Orange, in Viertel geschnitten, oder eine Banane? Ich hatte nie Hunger, aber darum ging es nicht. In Bergen-Belsen hast du mich so rachitisch erlebt, dass du große Angst hattest, dass ich nicht überlebe. Aus dem Essen wurde dann daraus später eine Pflicht.

*

Bei jedem Mittagessen brachtest du Fisch oder Fleisch auf den Familientisch. Es war unmöglich, nichts davon zu nehmen oder zu verweigern. Alles wurde gegessen. Bis auf die Brotkrumen, die auf dem Tischtuch lagen am Ende der Mahlzeit und die Papa und du sorgfältig mit der Handkante zusammengeschoben habt, um sie dann in den Mund zu stecken. In seiner fünfjährigen Gefangenschaft in Deutschland hatte Papa auch die Entbehrungen kennengelernt.

Aber ich habe diese Mahlzeiten durchlitten. Ich habe nur selten Hunger gehabt, aber ich erinnere mich an diese Krisenmahlzeiten, wie wenn es gestern gewesen wäre. Ihr beide seid zornig gewesen. Und es war selten, dass ihr gegen mich aufgebracht wart. Wütend auf mich seid ihr nur einige Male gewesen. Und da war es einmal so: Ich musste wohl sieben oder acht Jahre alt gewesen sein, ich war sehr mager und wie gewöhnlich wollte ich beim Essen nicht zugreifen. Papa hat mich geschnappt und mich in den Keller gesperrt, wo er mich einige Zeit gelassen hat. Er hat vor mir aufgegeben. Ich habe nichts gegessen.

*

Auch heute noch habe ich selten ein Hungergefühl und bin ziemlich mager. Liegt das am frühen Nahrungsentzug oder an der späteren Überfütterung? Ich spüre immer noch den Küchendunst jener Zeit und ein bestimmtes Übermaß. Tatsächlich macht es mir riesigen Spaß, meine beiden großen Kühlschränke zu füllen und auch die Tiefkühltruhen. Ich habe einen Lebensmittelvorrat für ein ganzes Regiment, aber ich bin meist allein zuhause. Ich habe mir eine Küche einrichten lassen, die einem Restaurant Ehre gemacht hätte. Zwei Herde, eine Anrichte, ein Topmodell von Hauptherd. Professionelle Ausstattung, die meine Kochleidenschaft erkennen lässt. Ich bin begeisterte Köchin! Nicht einmal so sehr für mich, sondern für andere. Gerichte aus allen Regionen und Ländern kommen täglich auf den Tisch. Und wenn ich nicht am Herd stehe, dann bin ich in meine Feinschmeckerbibliothek vertieft.

Geht das allen Menschen so? Drücken die ersten Lebensmonate einem jeden von uns einen unauslöschlichen Stempel auf? Oder bin ich eine Ausnahme? Ich bin mir aber auf jeden Fall sicher, dass die Monate fast ohne Nahrung in deinem Bauch und dann das plötzliche Draußensein der Keim für diese chronische Krankheit ist, die viel später ausgebrochen ist und alles in mir durcheinandergebracht hat. Ich werde noch darauf zurückkommen.

Hélène

Jeder verflossene Tag war ein Sieg. Überleben – Stunde um Stunde, Sekunde um Sekunde. Zufrieden sein, dass man im Augenblick noch lebt, ohne mit dem nächsten zu rechnen; denn es könnte sein, dass er nicht kommt.

*

Im Laufe der Monate verwandelt sich Bergen-Belsen mit dem Ankommen von Zehntausenden Deportierten aus anderen Lagern wie Auschwitz in eine Todesstadt. Den ganzen Tag verenden hier Menschen. Der Tod umschließt uns wortwörtlich. In den Baracken ganz nahe bei uns. Auf den Lagerstraßen, wo die Leichen aufgetürmt sind. Wo Kinder sie wie beim Spielen zählen. Jeder hat seinen Haufen. Wer den größten hat, hat gewonnen.

Ich schlafe neben Toten. Ich lebe neben Toten. Ich gehe neben Toten.

*

Zunächst sterben die Menschen an Erschöpfung. Ich habe dir vom Hunger erzählt. Auch die andauernde Kälte in diesem Winter 1944/45 ist schrecklich. Die Temperaturen gehen fast bis auf minus zwanzig Grad herunter, und das wochenlang, vielleicht monatelang. Nichts Warmes zu trinken und zu essen. Keine warme Kleidung. Nie eine Heizung in unserer Baracke. Es ist so schwer, den Schlaf zu finden, wenn man an allen Gliedern zittert und von einer eisigen Feuchtigkeit durchdrungen ist. Dass ich ins Krankenrevier abkommandiert wurde, hat mir vielleicht das Leben gerettet, hat uns beiden vielleicht das Leben gerettet. Dort war es wenigstens ein wenig warm. Und ich konnte dort den ganzen Tag zubringen.

Wir sind ausgelaugt, am Ende unserer Kräfte durch die Müdigkeit und vor allem durch Krankheiten. Manche schaffen es nicht einmal mehr bis zum Krankenblock und bleiben in den Baracken, unfähig, noch irgendetwas zu tun. Sie geben auf und hauchen ihr Leben aus.

*

Die hygienische Situation im Lager wird grauenvoll. Die Ruhr dreht uns den Bauch um. Die „Toiletten“, bestehend aus Löchern mit ein paar Brettern darüber, befinden sich am anderen Ende des Lagers. Wenige haben noch die Kraft, sich dorthin zu schleppen, und selbst, wenn sie diesen Kraftaufwand auf sich nehmen, schaffen sie es oft nicht mehr bis dahin.

Unsere Kleider sind verdreckt. Die Duschen sind schon lange nur noch eine Erinnerung. Ich weiß nicht, wie viel Duschen ich in den letzten zehn Monaten nehmen konnte. Zwei? Oder waren es drei? Und in diesem Polarwinter musste das Wasser in den Kanalisationen gefroren sein, denn aus den Wasserhähnen an der Außenseite der Baracken kam nichts mehr. Man kann sich nicht mehr waschen. Und in dieser Kloake, auf unseren Strohsäcken und unter den ekelhaften Decken grassieren die Flöhe. Wir werden von ihnen ganz bedeckt. Wir meinen, dass wir von ihnen aufgefressen werden. Und das ist noch das Wenigste, denn ihre Bisse übertragen den Typhus. Tausende sind daran gestorben. Sogar Zehntausende.

*

Neben meiner Schlafstelle liegt ein ganz junges Mädchen. Es heißt Anne Frank. Sie sagt, sie sei fünfzehn Jahre alt. Aber es ist schwierig, in Bergen-Belsen ein Alter anzugeben. Sie sieht manchmal viel jünger und manchmal viel älter aus. Ich denke an meine Kinder im Süden Frankreichs, die in dieser Zeit sicher genug zu essen haben.

Sie singt niederländische Lieder. Sie singt trotz dieser Krankheit, die sie niederstreckt. Sie ist auch vom Typhus angesteckt. Großes Mitleid überkommt mich für dieses mutige Kind, das mir teils in seiner Sprache, teils auf Französisch zu verstehen gibt, dass es nach dem Krieg Paris besuchen wird. Ich bestärke es in seinen Träumen, ich lächle ihm zu und sage Worte, die es nicht versteht. Seine Gesichtszüge verraten es: Es liegt im Sterben.

Historisches Blitzlicht auf Bergen-Belsen

Das Lager Bergen-Belsen befindet sich in Norddeutschland zwischen Hannover und Hamburg. Es wird hauptsächlich mit den Namen von Anne Frank, die dort starb, und mit Simone Veil verbunden, die am 15. April von britischen Soldaten daraus befreit wurde.

Bei seiner Errichtung werden dort Kriegsgefangene interniert. Ab 1944 machen die Nazis es zu einem KZ. Von da an sind alle möglichen Opfer der Hitlerideologie eingesperrt: Juden, politische Gegner, Zigeuner, Homosexuelle. Infolge des alliierten Angriffs und des Vormarsches der Russen evakuieren die Deutschen immer mehr die Lager in Polen, dann die in Ostdeutschland. Es sind „Todesmärsche". Zehntausende von schrecklich geschwächten Deportierten sterben auf diesen Gewaltmärschen. Die Überlebenden werden in Bergen-Belsen zusammengepfercht. In wenigen Monaten steigt die Zahl der Deportierten von 15 000 auf 65 000. Das Lager wird planmäßig zu einem Lager des langsamen Sterbens umfunktioniert. Der systematische Hunger und eine Typhusepidemie zeigen ihre verheerende Wirkung. Man schätzt die Zahl der Gefangenen in Bergen-Belsen zwischen 1940 und 1945 auf 125 000. Und auf 50 000 die Zahl der Männer, Frauen und Kinder, die an Hunger oder Krankheit gestorben sind.

Hélène

Februar 1945. Die Kälte ist nicht zu beschreiben. Ich habe den Eindruck, dass ich von unwirklichen Wesen umgeben bin. Manche Frauen bewegen sich wie Automaten vorwärts, sie setzen mechanisch Fuß vor Fuß. Man könnte meinen, dass ihre Beine keine Gelenke mehr haben, dass sie tonnenschwer sind. Sie haben sie mit Lumpen umwickelt, um sie warmzuhalten. Aber das ist vergebliche Mühe. Andere haben dick aufgeschwollene Beine, fast bis zum Zerplatzen. Eine Folge der Ödeme wegen Nahrungsmangel. Ihre Gesichter sind aufgedunsen, die Lippen blau. Ich weiß, diese Frauen werden nicht mehr lange durchhalten.

Jeden Morgen werden die Toten der vergangenen Nacht aus den Baracken getragen. Sie werden auf einen Handkarren gelegt, den die noch fähigen Gefangenen Richtung großes Tor schieben, das zum Krematorium führt. Und hinter diesem Karren spielt sich immer die gleiche Szene ab. Die wenigen Freunde oder die Eltern begleiten den Karren auf dem Weg, beten das Kaddisch und vergießen Tränen, sofern sie noch welche haben.

*

Im Krankenrevier kümmern wir uns um Frauen und Mädchen, die auf Gestellen liegen. Fast alle leiden an der Ruhr. Ich würde dir gerne sagen, dass wir sie pflegen, aber das ist nicht so. Keine Medikamente für Juden! Wir leeren die Bettpfannen und geben ihnen kaltes Wasser zu trinken, damit sie nicht dehydrieren. Die Ärzte versuchen, ihren Gemütszustand zu heben, ihnen ein wenig Hoffnung zu geben, indem sie ihnen einreden, dass die Befreiung vielleicht schon morgen kommen wird …

Sie sind alle sehr gläubig. Ein Holländer ist da mit seiner Frau und seinen beiden Töchtern. Er selbst verweigert die Suppe, die im Lager ausgegeben wird, denn sie ist nicht koscher. Sooft er kann, tauscht er seine Suppenration gegen ein Stückchen schwarzes Brot ein. Aber es sind nicht viele, die diese lauwarme Brühe gegen Brot eintauschen. Diese Suppe nicht zu essen, bedeutet zu sterben. Der Glaube kann zu verrückten Taten führen. Auf jeden Fall hat er manchen den Tod gebracht, wie diesem Arzt.

*

An einem Abend wird im Krankenblock das Osterfest vorbereitet. Ich sitze auf einem Bettgestell und ruhe mich aus. Ich betrachte das Ganze und frage mich, was sie wohl an Essbarem organisiert haben.

Zwei Pflegerinnen stellen einen Tisch in die Mitte des Raumes, auf dem sie ein Tuch von makellosem Weiß ausbreiten. Die Gefangenen setzen sich auf zusammengestellte Bänke. Ein Arzt betet den Haggadah vor, der den Osterritus eröffnet. Am Tisch sitzt Fräulein Rothschild, ein schönes Mädchen von ungefähr zwanzig Jahren. Sie sitzt da, grazil und anmutig. Sie ist Krankenschwester wie ich. Die Arme muss ihre Gebete und ihren Gesang jedes Mal unterbrechen, wenn Kranke nach der Pfanne rufen.

Ich, die ich nicht an Gott glaube, könnte sie in ihrem Dienst vertreten, damit sie dieses Fest, das für die Juden einzigartig wichtig ist, feiern kann. Ich gehe auf sie zu und flüstere: „Lass dich nicht stören, ich mache heute Abend den Dienst für dich." Aber da habe ich sie schlecht gekannt, denn sie antwortet mir: „Es ist dem Ewigen lieber, dass ich meine Aufgabe erfülle."

Es ist erstaunlich, wie im Lager die Menschen tief gläubig geblieben sind. Ich bin seit meinem fünfzehnten Lebensjahr nicht mehr gläubig. Unter ihnen bin ich wie ein räudiges Schaf. Ich werde von ihnen geduldet trotz meines Unglaubens. Einige mögen mich sogar, ich fühle es. Denn das Lebensmittelpaket, das ich vom Roten Kreuz bekommen habe, habe ich mit diesen Leidensgefährten geteilt. Für gläubige Juden ist eine gute Tat so viel wert wie ein Gebet.

Yvonne

Das Einzige, was ich den Nazis verdanke, ist, dass sie mich dazu gebracht haben, mich als Jüdin zu fühlen. Ich bin atheistisch, ich feiere kein einziges religiöses Fest, aber ich fühle mich als Jüdin und trage den Davidstern am Hals. Unter solchen Umständen geboren zu werden, mit dir unter solchen Bedingungen zu leben und später das Ausmaß der Schoah in ihrer schändlichen und erbarmungslosen Organisation erkannt zu haben, haben aus mir eine Jüdin gemacht, durch und durch eine Jüdin. Und ich beanspruche diese Identität, ich, die ich noch auf dieser Welt bin, während Millionen andere sie verlassen haben, einfach deswegen, weil sie Juden waren.

*

Ich denke jeden Tag über die Schoah nach. Ich frage mich, wie solch eine Ungeheuerlichkeit möglich war. Ich denke an dich, an all die Leiden, die du durchgemacht hast. Bei deiner Heimkehr hast du solche Schmerzen im Rücken gehabt, dass du nicht liegen bleiben konntest. Ich sehe dich, wie du ganz gebrochen vor Schmerzen auf den Knien kauerst und dein Gesicht auf die Matratze drückst. Schließlich hat man die Ursache des Übels entdeckt. Während deiner Deportation hat sich an deiner Wirbelsäule eine Zyste gebildet. Zweimal musstest du operiert werden. Und jedes Mal bist du mit einem Gipskorsett nach Hause gekommen. Ich konnte nicht mitansehen, wie du leidest, ich hätte gerne deine Schmerzen auf mich genommen.

Ich kann nicht vergessen. Es geht einfach nicht. Ein Philosoph hat geschrieben: „Was man nicht vergessen kann, ist auch nicht zu verzeihen." Das scheint mir sehr wahr zu sein.

*

Ich habe in meinem Leben nur einmal eine freundschaftliche Beziehung mit einem Deutschen gehabt. Es war der Fotokünstler Alfons Alt, der Deutschland verlassen hat, um in Frankreich zu leben. Er war der Einzige. Das ist vielleicht kein Ruhmesblatt für mich, aber es ist so, dass ich mich weigere, deswegen rot zu werden. Andere haben sich auf dem Weg des Verzeihens versucht, manche sind sogar dahin zurückgekehrt, wo sie so viel gelitten haben. Aber ich kann nicht. Schon der Tonfall der deutschen Sprache greift mich an.

Ich habe es oft gesagt und ich sage es hier wieder, dass ich niemals den Fuß auf deutschen und auch nicht auf polnischen Boden setzen werde, wo du, Mama, und deine Familie so sehr unter den Pogromen gelitten habt. Ich werde niemals verzeihen.

Hélène

Den Antisemitismus als politisches System habe ich nicht im Hitler-Deutschland kennengelernt. Ich kam schon in meiner Kindheit in Polen mit ihm in Berührung.

*

Ich bin am 20. Oktober 1905 in der kleinen Stadt Miedzywcz geboren worden. Mein Vater, Lipa Kaminer, hatte einen bedeutenden Stoffgroßhandel. Er war auch Rabbiner. Wir lebten unbeschwert, doch nicht auf großem Fuß. Aus ganz Polen kamen Leute, um bei ihm theologische Fragen zu klären. Es war eine ganz andere Zeit. Heute kann man sich diese Zeit nicht leicht vorstellen, aber meine Mutter, deine Großmutter, hat ihren Ehemann am Hochzeitstag zum ersten Mal getroffen. Die Schwiegerfamilie war vollzählig erschienen. Der Vater und die Mutter und die vier Söhne. Sie hat mir erzählt, wie aufgeregt und auch bang sie aus dem Fenster geschaut und versucht hat zu erraten, welchen sie heiraten soll. Sie waren zwar schon verlobt, aber sie hatten sich noch nie gesehen.

*

Meine Eltern hatten sieben Kinder, sechs Mädchen und dann einen Jungen. Die Mädchen konnten zu Hause studieren, aber das Tragen eines Kleides mit Dekolleté oder ohne Ärmel war nicht erlaubt. Ebenso wenig wie Singen, Tanzen oder ein Instrument spielen. Mein Vater erklärte uns, dass wir in Trauer sind, in einer Trauer, die vor zweitausend Jahren begonnen hat bei der Zerstörung des Tempels von Jerusalem. Wir warteten auf den Messias, der uns ins Heilige Land zurückführen wird.

*

Im Jahre 1918 waren wir fünf Millionen Juden im Land und wir waren schon seit Generationen da ansässig. Mit der Zweiten Republik wurde für uns ein besonderer Status geschaffen. Wir wurden zu Bürgern zweiter Klasse erklärt: Wir dürfen nicht Beamte werden und auch nicht außerhalb unserer jüdischen Schulen unterrichten. An den Fakultäten der Hochschulen wird ein Numerus clausus für die Juden eingeführt. Meine ältere Schwester hat als Jüdin nicht das Recht, sich auf die gleichen Bänke zu setzen wie die anderen Studenten. Hitler hat nichts erfunden. Jeden Tag werden Juden durchgeprügelt, weil sie Juden sind. Ich spreche mit meinen Eltern nicht darüber, aber zu jener Zeit verlässt mich der Glaube. Oder verlasse ich ihn? Wer weiß?

*

1919 bin ich vierzehn Jahre alt. Der Krieg zwischen Polen und Russland bricht aus. Wenn unsere kleine Stadt in den Händen der Russen ist, dann wieder in den Händen der Polen, so ist das für uns die gleiche Hetzjagd. Wir werden unaufhörlich verfolgt, zuerst von den einen, dann von den anderen. Die Juden werden erschlagen, die Jüdinnen vergewaltigt, bevor sie massakriert werden. Ich habe noch die Schreie der Kosaken in den Ohren: „Tötet die Juden, rettet Russland." Und die polnischen Soldaten sind genauso blutrünstig.

Meine Eltern denken, dass wir in der Hauptstadt eher in Sicherheit sind. Meine Mutter fährt als Erste nach Warschau mit drei von meinen Schwestern. Einige Zeit später nehmen wir anderen den Zug: mein vierjähriger Bruder, meine beiden anderen Schwestern und ich mit meinem Vater.

Ich bin die Größte und habe das Geld der Familie in meiner Unterwäsche versteckt. Mein Vater hätte sich lieber totschlagen lassen, als dass er sich als Nichtjude getarnt hätte. So sitzt er da in seinen schwarzen Kleidern und seinem langen typischen Bart. Er murmelt Gebete. Der Zug hält an einem Bahnhof. Man hört Schreie, Stöhnen und auch das Brüllen der polnischen Soldaten. Durch das Fenster sehe ich sie mit ihren Rasiermessern, die in der Sonne blitzen. Auf dem Boden abgeschnittene Bärte, blutendes Fleisch, die Bärte polnischer Juden, die aus dem Fenster geworfen und zertrampelt werden. Ich bin vierzehn Jahre alt und habe Angst. Ohne lange Überlegung beschließe ich, dass wir Kinder den Vater schützen müssen. Als die Soldaten mit den blitzenden Messern in unseren Wagen stürmen, werfen wir uns über unseren Vater und kreischen vor Angst. Es ist fast unglaublich, was sich dann ereignet: Sie gehen weg, ohne uns anzurühren. Wir weinen während des Restes der Reise. In Warschau zündet unser Vater eine kleine Kerze an, um Gott für dieses Wunder zu danken.

*

Es war nur ein Wunder. Aber ein zweites gab es nicht. Meine Mutter, mein Vater, drei meiner Schwestern, mein Bruder, meine Onkel, meine Tanten, meine Cousins … kamen ins Ghetto wie alle anderen Juden in Warschau 1942, von dort wurden sie ins Vernichtungslager Treblinka deportiert. Fast meine ganze Familie ist dort gestorben. Aufgegangen in Rauch.

Eltern von Hélène

Historisches Blitzlicht auf Treblinka

Treblinka ist ein Vernichtungslager, ungefähr einhundert Kilometer nördlich der polnischen Hauptstadt. Dorthin wurden hauptsächlich Juden aus dem Warschauer Ghetto deportiert.

Dieses Lager, das für die Tötung von Juden bestimmt war, ist eines der schrecklichsten Beispiele für die Endlösung.

Zwei Monate nach seiner Fertigstellung im Juli 1942 sind dort mehr als 300 000 Juden vergast worden. Im Gegensatz zu Auschwitz gab es keine Verbrennungsöfen. Die Körper wurden aus den Gaskammern geholt und in riesige Massengräber geworfen. 1943 wird die Schließung das Lagers beschlossen. Wie jedes Mal versuchen die Nazis, die Beweise zu vernichten. Hunderttausende von Leichen werden wieder ausgegraben und in riesigen Feuern verbrannt. Die jüdischen Gefangenen, die diese Arbeit machen müssen, merken, dass das Ende des Lagers bald da sein wird und mit ihm auch ihre Vernichtung. Am 2. August machen sie einen Aufstand. Etwa hundert gelingt die Flucht.

Einige von ihnen überleben und sind Zeugen des Schreckens des Lagers.

Nach den Quellenangaben sind in weniger als einem Jahr zwischen 800 000 und 1 200 000 Menschen in Treblinka ermordet worden.

Yvonne

Mama, wie gerne hätte ich es gehabt, dass du mir von meiner Geburt erzählst. Aber du hast es nie getan. Du hast es nie gewollt. Und du hast auch nichts davon erzählt in den Aufzeichnungen, die du uns hinterlassen hast. Leider. Du konntest es sicher nicht. War es zu schmerzhaft für dich? Ausgebrannt, wie wir Psychologen sagen?

Ich jedenfalls habe es mir tausende Male vorgestellt. Ich habe Überlebenden von Bergen-Belsen zugehört und ihre Zeugnisse gelesen. Da und dort kommt auch meine Geburt vor. Und so kann ich sie mir vorstellen:

*

Es ist Abend, es wird Nacht und die ersten Wehen treten ein. Du gehst in den Krankenblock. Du brauchst kein Licht, du könntest mit geschlossenen Augen dorthin gehen, denn du bist dort täglich beschäftigt. Du legst Decken auf den Boden und darüber das Leintuch, das du im kalten Wasser mit einem kleinen Stück Seife gewaschen hast. Die Seife hast du vorher organisiert. Du zündest eine Kerze an, die du unter einen leicht erhöhten Kochtopf stellst, damit du dich nicht verrätst. Mehr als das Licht tut die Wärme gut. Ein kleines Licht, damit du dich weniger alleine fühlst und das dir Mut macht.

Du weißt genau, was dir bevorsteht. Du bist Hebamme und du hast schon Georges und Maguy zur Welt gebracht. Du weißt, dass du kolossale Kräfte aufbieten musst, denn du wiegst nur noch etwa dreißig Kilo und deine Muskeln sind geschwunden. Wie sollst du also pressen können? Woher die Kraft nehmen, mich aus dir hinauszupressen, wo du doch schon fast kein Blut mehr hast?

*

Die Wehen sind lang. Und sehr heftig. Aber in der Nacht komme ich endlich heraus, ohne einen Schrei, ohne Wimmern, wie wenn ich schon fest in meinem Innern wüsste, dass man sich verstecken muss.

Ich bin so klein. Ich wiege weniger als eineinhalb Kilo. Ein winziges Fräulein mit einer ganz kleinen Nase. Wie bei deinen anderen Kindern bist du ganz entzückt. Du findest mich so hübsch! Und du, als tüchtige Hebamme, untersuchst mich aufmerksam. Meinen Kopf, meine Glieder, meine Hände, meine kleinen Zehen. Ich bin gut beisammen, alles ist da. Alles geht gut.

Du zertrennst selbst die Nabelschnur und drückst mich an deine Brust.

*

Ein Wunder! Obwohl du bei den ersten Schwangerschaften keine Milch hattest, merkst du, dass du ein wenig hast. Und ich sauge. Ein Augenblick reiner Anmut.

Du wickelst mich in Stofflappen, die du seit Monaten gegen Brotrationen eingetauscht hast. Behelfswindeln. Und wie die afrikanischen Frauen, die ihr Kind eng auf den Rücken gebunden tragen, so trägst du mich ganz nah an deiner Brust.

Sechs Monate lang werde ich so leben, gepuckt und versteckt unter deiner Bluse. Sechs Monate lang, in denen ich nie geschrien und auch nicht gewimmert habe. Ich musste mich an dir so sehr in Sicherheit gefühlt haben. Die hautnahe Wärme und der Geruch deines Körpers mussten mich gestärkt haben. Und die Bewegungen deines Körpers waren für mich eine Wiege. Ich bewegte mich kaum.

Dir hat diese Geburt eine riesige Kraft gegeben, du wolltest mich durchbringen. Du warst nur noch von dem Gedanken besessen, wie du mich ernähren kannst. Das hat alle deine Tage ausgefüllt, deine ganze Zeit.

*

Was du an Essbarem gefunden hast, habe ich bei mir behalten. Kohlrabi-Suppe, rohe Rübenstücke, die du mir nach langem Vorkauen in den Mund gesteckt hast. Und ich habe nie etwas verweigert. Und dann hattest du noch ein wenig Milch, sogar Trockenmilch, die du eingetauscht und mit kaltem Wasser angerührt hast.

Du hast mir den Namen Yvonne gegeben wegen des Vornamens von Madame de Gaulle. Es war auch der Deckname, den du ausgesucht hast, als du in den Widerstand gingst.

Yvonne

Jetzt möchte ich dir, Mama, eine außergewöhnliche Geschichte erzählen. Ich habe sie selbst erlebt und sie hat es mir ermöglicht, Einzelheiten über die Zeit deiner Niederkunft im Lager zu erfahren. Aber sie hat mir auch ein Lehrstück tiefer Menschlichkeit beschert.

*

Sie ereignet sich kurz nach dem Jahr 2000. In der Theaterwelt macht eine besonders beeindruckende Rolle der Schauspielerin Mireille Perrier von sich reden. Auf den Bühnen von Paris stellt sie ein Mädchen dar, das seine Kriegserlebnisse erzählt. Seine Verhaftung zusammen mit ihrer Mutter im Jahr 1943, ihre Internierung und ihre Deportation nach Bergen-Belsen. Mireille Perrier verkörpert in ihrer Rolle Francine Christophe, die ihre Geschichte in einem Buch festgehalten hat.[2] Die Presse feiert sie begeistert. Mein Cousin Jean-Pierre gibt mir die Erinnerungen zu lesen.

„Ich war ein privilegiertes Mädchen“, sind ihre ersten Worte. Das hat mich stutzig gemacht, denn sie erschienen mir doch seltsam, da sie aus der Feder einer Frau kamen, die ihre Kindheit in meinem Lager verbracht hat. Ich lese ihren Bericht. In ihren ersten Lebensjahren wird sie verzärtelt von ihren Eltern. Dann kommt ihr Vater in Kriegsgefangenschaft. Ihre Mutter und sie selbst werden deportiert. Ich lese, was ich nie aus dei-

[2] Une petite fille privilégiée: une enfant dans le monde des camps. (dt : Ein privilegiertes Mädchen: ein Kind in der Welt der Konzentrationslager) 1942–1945, Francine Christophe. L'Harmattan, 1996, rééd. Pocket, 2001.

nem Mund gehört habe, höchstens ein paar Brocken. Aus der Sicht dieses Kindes überkommt mich wie eine Sturzflut der Horror des Lagers, in dem ich geboren wurde. Francine Christophe selbst war damals elf Jahre alt.

„Die Toten liegen überall herum. Der Kamin des Krematoriums raucht ununterbrochen.

Der Geruch von Bergen-Belsen, der uns anfangs überrascht hatte, macht uns nichts mehr aus.

Es ist der Geruch brennenden, verwesenden Fleisches.

Ich verwese auch. Meine Hände sind von einem nässenden Hautausschlag bedeckt. Meine mit Krusten verbackenen Finger kann ich nicht krümmen. Mama gibt mir zu essen.

Der Impetigo-Ausschlag verschlimmert sich. Meine Ohren werden rissig. Mama kratzt mir mit einer Pinzette, die sie in ihrem Gepäckstück aufbewahrt hat, die Krusten weg.

Ich heule, ich habe die ganze Kopfhaut voll davon.

(…)

Die Essensrationen werden kleiner. Die Magenkrämpfe sind schlimm und werden zur Tortur. Ich bekomme eine Trichterbrust und meine Knochen werden sichtbar. Aber mein Bauch wird dick, er bläht sich richtig auf!"

Und auf Seite 124 lese ich Folgendes:

„Trotz strengen Verbotes, nachts hinauszugehen, ist Mama dennoch in die Krankenbaracke gegangen (…). Madame S. bringt ein hübsches kleines Mädchen zur Welt. Mama besucht sie und bringt der Wöchnerin ein Stück Schokolade, das sie als Reserve für noch schlimmere Tage aufbewahrt hat."

*

Eine Geburt im Lager und eine Madame S. Es kann sich nur um mich drehen. Also kennt jemand meine Geschichte, war bei der Geburt dabei oder doch beinahe und war in engem Kontakt mit dir.

Ich setze mir in den Kopf, Francine Christophe aufzusuchen, mit ihr zu sprechen, vor allem aber ihr zuzuhören. Ich schreibe ihr über ihren Verlag und hinterlasse meine Telefonnummer.

Einige Tage später ruft sie mich an. Eine tiefe, elegante, sanfte Stimme. Und sie macht das, was du, Mama, nie mit mir vermochtest. Sie erzählt mir die ganze Geschichte und natürlich dabei auch meine Geschichte. Sie erzählt von dir, sagt mir auch, wie sehr du respektiert warst, sehr geschätzt sogar. Sie informiert mich über alles, was ich selbst über meine Geburt nicht wusste.

„Der Bauch deiner Mutter war nicht sehr groß. Man sah ihr nicht an, dass sie schwanger war. Wenn sie es uns nicht gesagt hätte, hätte es niemand gewusst. Und du warst ein kleines mageres Würmchen. Und du hast nicht aufgemuckt. Kein einziges Mal geweint in all den Monaten! Das war faszinierend. Und doch musstest auch du Hunger gehabt und unter der Kälte gelitten haben. Aber es war so – du hast nicht ein einziges Mal geschrien."

*

Und ich, ich entdecke die Seelengröße eines elfjährigen Mädchens. Seine Mutter, Marcelle Christophe, bewahrte für sie ein wenig Schokolade auf, die sie bei der Deportation eingesteckt hatte. Dieses Stück Schokolade sollte ihr hübsches, kleines, blauäugiges Mädchen mit den blonden Haaren in der Hölle von Bergen-Belsen an jenem Tag stärken, wenn es vor Angst, Kälte und vor allem vor Hunger nicht mehr konnte und danach verlangte.

An dem Abend, als du mich zur Welt gebracht hast, hat Marcelle zu Francine Folgendes gesagt: „Hélène kann diese Nacht sterben. Sie liegt in den Wehen und es ist gar nicht sicher, dass sie morgen noch am Leben ist. Das Stück Schokolade, das wir noch haben, kann sie vielleicht retten. Der Zucker wird ihr Kraft geben. Und die hat sie bitter nötig … aber die Schokolade gehört dir. Es ist klar, dass wir sie auch aufheben können."

Die Kleine, die auch vom Hunger gequält war, hat nicht gezögert und sofort gesagt: „Ja, Mama, also gib ihr die Schokolade." Großartig.

In dieser Situation hat der Zucker dir ohne Zweifel wieder Energie gegeben … aber was für eine Geste! Was für eine Menschlichkeit! Du musst auch tief bewegt gewesen sein, Mama, als Marcelle dir das Stück Schokolade gegeben hat.

*

Als ich mit Francine Kontakt aufnahm, und das ist mehr als fünfzig Jahre nach unserer Befreiung, hält sie Vorträge in Schulen und nimmt an Kolloquien teil. Auf den Rat ihrer Tochter hält sie einen Vortrag über den Mangel an Psychologen im Jahre 1945, die den Überlebenden hätten helfen können. Das Thema: Wäre unser Leben anders geworden, weniger hart, wenn wir eine Begleitung gehabt hätten?

Ich entschließe mich, dahin zu gehen. Ich reise nach Paris. Ich bin voller Ungeduld. Dann bin ich endlich in dieser Versammlung. Auf dem Podium vor mir Francine, neben ihr sitzen Fachleute. Sie selbst: eine schlanke, elegante Erscheinung, gewählte Sprache. Sanfte Augen. Ich höre ihr zu. Sie berichtet, ihre Stimme zittert nicht, sie lächelt sogar oft. Das Mikrofon macht die Runde und auch ins Publikum. Ich stehe als Erste auf. Ich zittere zunächst.

„Ich heiße Yvonne Salamon. Ich bin Psychiaterin in Marseille. Ich hätte sehr viel zu dieser brennenden Frage zu sagen, aber ich bin heute gekommen, Madame Christophe, um Ihnen etwas zu geben."

Ich gehe zu ihr vor und suche in meiner Tasche. Als ich tief bewegt vor ihr stehe, reiche ich ihr eine Tafel Schokolade und sage zu ihr: „Ich bin das Baby."

Da füllen sich ihre Augen mit Tränen. Meine auch. Sie steht auf, kommt vom Podium herunter und nimmt mich in die Arme. Ich kann mich nicht an all die Leute um uns herum erinnern. Nur wir beide sind da und halten uns fest umschlungen.

*

Ich kann es immer noch nicht fassen, Mama, dass du mir nie diese wunderbare Geschichte erzählt hast. Ich musste warten, bis ich auf ein Buch stieß, das ich verschlang, Zeile um Zeile. Ein Stückchen Schokolade, das dir vielleicht das Leben gerettet hat, das uns beiden vielleicht das Leben gerettet hat. Bei jedem Jahreswechsel schicke ich Francine die besten Schokoladetafeln, die ich finden kann. Ihre Geste von ganz seltener Menschlichkeit werde ich nie vergessen.

Yvonne

Lange Jahre hindurch habe ich unter einem Geheimnis gelitten. Das meiner Empfängnis. Jahrelang habe ich an das Unglaubliche geglaubt. An folgende verrückte Geschichte.

Du hast doch deine ganze Schwangerschaft in Gefangenschaft erlebt, denn als du im Februar 1944 von der französischen Miliz festgenommen wurdest, warst du im ersten Monat. Du hast mich in Bergen-Belsen acht Monate später auf die Welt gebracht.

Dein Ehemann Nathan kam 1940 in Kriegsgefangenschaft.

Als ihr euch 1945 wieder in Marseille gesehen habt, hattest du doch ein Kind. Du hast ihm gesagt, dass ich eine Holländerin sei, dass meine Mutter im Lager umgekommen sei und dass du dich um mich gekümmert hast. Nathan hat mich anerkannt und auf den Papieren ließ er eintragen: „Geboren am 15. August 1945 in Marseille." Ich werde später darauf zurückkommen. Das ist noch ein anderes Kapitel meiner Geschichte.

*

Die ersten wesentlichen Fragen sind bei mir erst im Alter von sechzehn Jahren gekommen. Man muss verstehen, dass nach dem Krieg die Deportierten lange Zeit, jahrelang, ja jahrzehntelang nicht über die Lager sprechen. Sie verwenden alle ihre Energie für das Leben und um diese schmerzhaften Erinnerungen in ihrem Gedächtnis so weit wie möglich zu verdrängen. Du und Papa, ihr seid da keine Ausnahmen gewesen.

Ich hatte schon in meiner Schulzeit immer wieder gehört, dass ich adoptiert worden sei, aber das waren für mich nur böswillige Worte idiotischer Kinder. Als ich jedoch sechzehn war, erfuhr ich das Datum der Befreiung des Lagers von Bergen-Belsen am 15. April 1945. Nun ist aber das Datum meiner offiziellen Geburt – das einzige, das ich kenne – der 15. August 1945. Es war ganz natürlich, dass ich dich frage, wie du schwanger werden konntest, und du erzählst mir eine absonderliche Geschichte: „Papa ist aus seinem Kriegsgefangenenlager in Lübeck geflohen. Er hat eine Rot-Kreuz-Uniform gestohlen. Er hat sich nachts in Bergen-Belsen eingeschlichen und ist am frühen Morgen wieder weggegangen. In dieser Nacht bist du entstanden."

Ich bin mit sechzehn in einem Alter, dass ich verstehe, dass es sich um ein Märchen handelt. Und dennoch glaube ich daran. Unbewusst spüre ich, dass das nicht stimmig ist, aber deine Worte sind heilig für mich, also nehme ich sie an.

Bis zu dem Tag, an dem ich den Film „Nacht und Nebel" von Alain Resnais anschaue, aber nicht bis zum Ende. Da wird mir bewusst, dass dein Szenario rein erfunden ist.

*

Wie oft habe ich von da an dich gefragt, ob du nicht von einem Nazi vergewaltigt worden bist? Jedes Mal hast du mich beruhigt und mir erklärt, dass ein Nazi niemals eine jüdische Frau angefasst hätte. Die einzige Gewissheit für mich ist, dass du sehr wohl meine Mutter bist, denn ich sehe dir sehr ähnlich und da gibt es ein wichtiges Detail: Wir haben die gleichen Hände.

Aber der Zweifel nistet sich ein. Von da an finde ich, dass ich mich von meinen Brüdern und meiner Schwester unterscheide. Ich stelle fest, dass ich nicht die gleiche Statur habe. Das hindert mich aber nicht, sie weiterhin zu mögen, und auch nicht, mein Leben zu leben. Aber ich bin in einem Dauerzustand des Zweifels über die Umstände meiner Entstehung. Könntest du mich anlügen? Bist du vergewaltigt worden? Hast du mich adoptiert? An dir zu zweifeln, ist aber so, wie wenn man nicht mehr an das Universum glaubt, überhaupt an gar nichts mehr glaubt. Entsetzlich!

*

Es kommt der Tag, an dem ich an einer Feier zuhause teilnehme. Das ist im Januar 1973. Ich bin 28 Jahre alt.

Achtundzwanzig Jahre! Du wirst mit dem Kreuz der Ehrenlegion geehrt. Deine Familie ist da, deine Freunde, Journalisten und Louis T., dein Kamerad aus der Zeit des Widerstandes, der verhaftet und gefoltert wurde wie du und der mit der Durchführung der Feier betraut ist.

Louis kenne ich gut. Ein alter Freund der Familie schon seit Vorkriegszeiten. Er hat sein Studium der Medizin mit Papa absolviert. Zu Weihnachten schickte er uns Geschenke. Manchmal vergaß er meine Brüder und meine Schwester, aber mich nie.

Ich sehe dich wieder vor mir: Vor dem Eintreffen von Louis legst du Rouge auf deine Lippen. Sonst hast du das fast nie getan. Kurz, es ist die Stunde deiner Ehrung, ich sitze in der ersten Reihe vor ihm und höre ihm zu, was er über dich sagt. Ich habe sofort den Eindruck, dass er meine Worte stiehlt, denn die Rede könnte von mir sein. Ich schaue ihn mir gründlicher an. Und da fällt es mir wie Schuppen von den Augen: Er gleicht mir. Oder eher so: Ich gleiche ihm, zumindest dem Gesicht nach. Ansonsten ist er groß und ich klein, so wie du, Mama.

Nach der Feier gehe ich zu dir.

Du bist im Esszimmer, ich setze mich zu dir und sage ohne Umschweife: „Mama, lüg mich nicht weiter an, ich bitte dich darum! Ich weiß von ganz innen heraus, dass Papa nicht mein leiblicher Vater ist … Es ist Louis T., nicht wahr?“ Kurze Stille. Und ganz so bündig, wie ich es behauptet habe, bestätigst du: „Ja.“ – Schwindelerregend!

Mein Vater ist nicht mein Vater, meine Geschwister sind meine Stiefgeschwister. Und ich habe also zwei andere Stiefschwestern, die Töchter von Louis.

*

Der Schock ist schrecklich, mein Körper rastet aus. Er geht auf Abwehr. Wie wenn er meiner inneren Verfassung, die von Fragen, Furcht und Enttäuschungen stark angegriffen ist, helfen würde, wird er plötzlich krank, echt körperlich krank. Fieber, Schmerzen, Tiefschlaf. Nach zwei Tagen entschließe ich mich, Louis aufzusuchen. Ich brauche seine Bestätigung. Aus seinem Mund. Ich bin so sehr aufgewühlt von der Angst, du könntest vergewaltigt worden sein, dass ich unbedingt es von ihm hören muss, dass er sicher mein leiblicher Vater ist.

Und so stehe ich vor einem kleinen Landhaus. Ich gehe zuerst durch einen großen Vorgarten. Links ein Gewächshaus voller Zitronenbäumchen und wunderschönen Blumen. Er kommt in seinem wie immer tadellosen Anzug auf mich zu, gibt mir einen Kuss auf beide Wangen und heißt mich eintreten in das Haus, das ich nicht kenne. Ich setze mich vor den Kamin, während er schweigend ein Feuer anzündet. Diese Stille macht mich befangen, aber ich will nicht die ersten Worte sprechen.

Ich erinnere mich genau an diese Einzelheit, ich wollte dieses Gespräch nicht beginnen und ihm so die Sache nicht zu einfach machen, aber verrückterweise habe ich vergessen, was er mir in diesen Stunden gesagt hat, die wir beisammen waren. Das Wesentliche war, dass er mir Auge in Auge bestätigt hat, dass er mein Vater ist. Was er getan hat. Ich erinnere mich an das Wohlwollen in seiner Stimme und an seinen Blick.

Am andern Tag geht es mir körperlich besser, ich bin wiederhergestellt.

*

Ich war ihm keinen Augenblick böse. Das hätte sonst bedeutet, auch auf dich böse zu sein. Das ist für mich unmöglich. Das Einzige, was mich erstaunt hat und was ich heute sagen kann, ist dies, dass du eine Liebesbeziehung mit einem zwanzigjährigen Freund hattest. Ich bin verblüfft gewesen, aber nie schockiert. Du warst vier Jahre allein, du hast ihn bewundert. Hast du ihn vielleicht geliebt? Und die Zukunft war doch so ungewiss … Wie sollte ich dich verurteilen, dich, da du doch nie jemanden verurteilst. Aber dennoch – was für ein Zusammenbruch in meinem Leben! Moralisch nicht, aber psychologisch. Einige Zeit später wurde bei mir eine Krankheit festgestellt – Diabetes – und ich habe keinen Zweifel an der Tatsache, dass dieser Schock damit zu tun hatte. Als Psychiaterin weiß ich so etwas genau.

Textauszüge aus der Rede von Louis T.

„Wir sind hier versammelt zur Verleihung des Kreuzes der Ehrenlegion an Madame Salamon für ihre Tätigkeiten in den Jahren 1943 bis 1945, also schon vor dreißig Jahren.

Das heißt, man hat sich höheren Ortes nicht beeilt, die Menschen, die in dieser fernen Zeit wussten, wo der Weg der Pflicht, wo der Weg des Opfers war, von den anderen zu unterscheiden.

In einer Publikation kurz nach meiner Rückkehr aus der Deportation (…) redigierte ich den Text für die Vorschläge zur Verleihung der Résistancemedaille. (…)

Als Verbindungsagentin der vereinigten Widerstandsbewegungen der Region Gard hat Madame Salamon immer eine sehr schwierige und gefährliche Aufgabe erfüllt mit großer Hingabe, mit Intelligenz und Mut.

Nach ihrer Festnahme durch die Miliz, weil sie einen wichtigen Brief beförderte, hat sie sich standhaft geweigert zu reden, trotz schwerer Misshandlungen und gemeiner Folterungen. Sie hat keinerlei Adressen und Namen preisgegeben und dadurch ein Unglück für die Tätigkeit der Résistance verhindert, was im Departement Gard nicht mehr gutzumachen gewesen wäre.

Nach ihrer Auslieferung an die Gestapo hat sie ihre Haltung des Mutes und des Opfers bewahrt. Sie wurde in das Nazilager Bergen-Belsen deportiert, wo die Leichenberge lagen. Sie ist mit Seelengröße daraus zurückgekehrt.

Wie ich es schon geschrieben habe, hat Hélène Salamon die Ehrung durch ganz Frankreich verdient.

Nun wartet aber die Medaille der Résistance immer noch auf sie, sie wird sicher noch bis in alle Ewigkeit warten, weil ihre Liste schon seit zwei Jahrzehnten geschlossen wurde. (…)

Nachdem sie im Mai nach Drancy verlegt wurde, endete ihr Weg in Bergen-Belsen, wo sie ein schreckliches Jahr des Elends, Grauens und des Terrors durchlebte, oder besser: überlebte.

Wenn oft von Buchenwald und von Ravensbrück gesprochen wird, so ist das möglich, weil ein verhältnismäßig großer Teil der französischen deportierten Männer und Frauen von dort zurückgekehrt ist.

Wenn von Bergen-Belsen nur wenig gesprochen wird, dann liegt es daran, dass man von dort nicht zurückkam, es sei denn durch ein Wunder im Einzelfall.

Wir haben solch ein Wunder in einem Einzelfall hier bei uns: Hélène Salamon.

Wer vermag den Mut zu beschreiben, den sie an den Tag gelegt hat, um der Bestie Hitler zu entkommen? Und wer vermag von der Energie zu erzählen, die sie in sich behielt, um von den Schändlichkeiten der SS nicht zertreten zu werden? Und wer vermag ihren Überlebenswillen zu schildern, der ihr eigen war, damit der Tod sie nicht hinwegrafft?

Vor solch einem Durchhalten sind Worte zu armselig, um unsere Gefühle auszudrücken.

Also beschränke ich mich zu sagen:

Hélène Salamon, die Deinen und alle, die jetzt bei dir sind, und alle, die dich kennen, sind stolz auf dich in Erinnerung an das, was du getan hast.“

2/ Son retour inespéré du bagne allemand de Bergen Belsen.

" Agent de liaison du chef départemental des Mouvements Unis de la Résistance du Gard, Mme Salomon a toujours accompli une tâche aussi délicate que périlleuse avec autant d'esprit de dévouement que d'intelligence et de courage.

Arrêtée par la Milice alors qu'elle transportait un courrier important, elle s'est obstinément refusé à parler malgré de durs sévices et d'infâmes tortures. Elle n'a donné aucune adresse et aucun nom, évitant ainsi un désastre qui eût été irréparable pour l'activité de la Résistance dans le département du Gard.

Livrée à la Gestapo elle a maintenu son attitude de bravoure et de sacrifice. Elle a été déportée dans le bagne hitlérien de Bergen-Belsen où les charniers atteignaient des hauteurs de montagnes. Elle en est ~~sortie~~ rentrée grandie encore si possible dans son âme. "

Fotokopie eines Redeauszugs in der Handschrift von Louis.
(Als Verbindungsagentin …)

Légion d'honneur

Mme Salamon, chevalier au titre de la Résistance

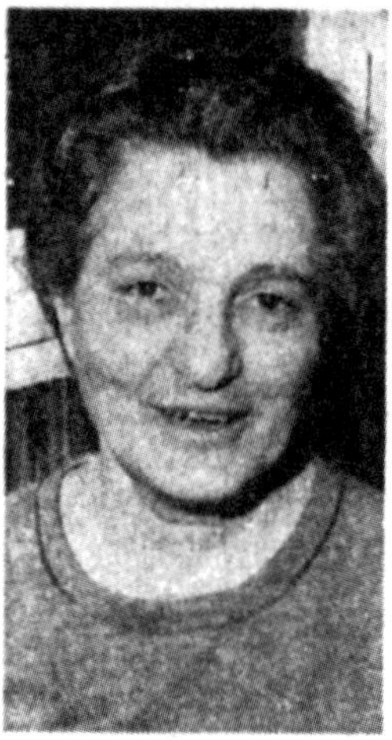

Dans la dernière promotion de la Légion d'Honneur, nous relevons la nomination au rang de chevalier, au titre de la Résistance, de Mme Hélène Salamon. Epouse du docteur Salamon et mère du professeur Georges Salamon, Mme Hélène Salamon était déjà titulaire de la Médaille militaire et de la Croix-de-Guerre 1939-1945.

Mme Salamon, qui exerçait la profession de sage-femme, était sergent des Forces françaises de l'Intérieur, lorsqu'elle fut arrêtée, en 1943, et déportée au camp de Bergen-Belsen. Elle fut libérée en avril 1945, dans un train qui demeure, dans l'histoire de la Résistance, comme « le train fantôme ». En effet, ce convoi, chargé de squelettes vivants et de moribonds, erra quartorze jours avant d'être atteint par l'avance des Alliés. Mais Mme Salamon ne devait rentrer en France qu'en juin 1945, après une quarantaine imposée par les risques d'extension d'une épidémie de typhus.

Fotokopie eines Zeitungsausschnittes aus „Le Provençal" Ehrenlegion

Madame Salamon – Widerstandskämpferin und Trägerin des Ritterkreuzes

Nach letztem Beschluss der Ehrenlegion wird Madame Hélène Salomon zum Ritter der Ehrenlegion ernannt. Madame Hélène Salamon, Ehefrau von Doktor Salamon und Mutter von Professor Georges Salamon, wurde schon mit der Militärmedaille und dem Orden Croix-de-guerre von 1939–45 ausgezeichnet. Madame Salamon, von Beruf Hebamme, war Sergeant der Französischen Streitkräfte des Inneren, als sie 1943 verhaftet und in das KZ Bergen-Belsen deportiert wurde. Sie wurde 1945 aus einem Zug befreit, der in die Geschichte der Résistance als „Geisterzug" einging. Dieser Zug war gefüllt mit lebenden Skeletten und Sterbenden und irrte vierzehn Tage lang umher, bis er durch den Vormarsch der Alliierten angehalten wurde. Aber Madame Salamon durfte erst im Juni 1945 nach Frankreich zurückkehren nach einer Quarantäne, die wegen der Gefahr der Ausbreitung einer Typhusepidemie verhängt wurde.

Hélène

Ich will dir erzählen von deinem „Herzensvater“, wie du ihn nennst. Ich sage einfach ganz knapp „dein Vater“ und spreche von Nathan, meinem Ehemann, dem Mann, den ich im Alter von sechzehn Jahren erwählt habe, um mit ihm mein Leben zu teilen. Wir sind uns 1921 in Warschau begegnet in der Freien Volksuniversität, die Abendkurse für Arbeiter ohne Abgangszeugnisse anbot. Ich machte eine Schneiderlehre. Er kam aus Moskau mit seiner Mutter und seinen beiden Schwestern und zog zu seinem Vater. Er kam zur Universität, um Polnisch zu lernen.

Er fällt mir nicht gleich auf. Er ist mittelgroß und zurückhaltend. Aber die russische Sprache bringt uns näher. Nathan erzählt mir von der bolschewistischen Revolution, von seinen Studien in Moskau, seinem Abitur und seinen ausgezeichneten Noten im Fach Marxismus-Leninismus! Er ist gebildet und kennt sich in der Literatur aus. Wir sind weit weg von der Thora meines Rabbinervaters. Ich bin da wenig eingeweiht und bin nur eine „Streikerin“, wie mir meine Schwiegermutter später attestierte, ich sauge aber seine Worte in mir auf und verliebe mich.

Der Vater von Nathan verdient als Finanzbuchhalter und Kalligraf sehr gut. Die Familie Salamon lebt in größerem Komfort als wir, die Familie Kaminer. Aber sie sind nicht religiös, beten nicht, sprechen nicht Jiddisch. Ein Abgrund liegt zwischen unseren beiden Familien. An eine Heirat war nicht zu denken.

*

An der Universität werden wir Mitglieder einer geheimen Anarchistenzelle. Wir machen die Bekanntschaft mit den Theorien von Bakunin, Kropotkin, Élisée Reclus. Da ich aus einer sehr religiösen Familie stamme, wo die Frauen so wenig Selbstbestimmung haben, und da ich den Glauben schon seit Jahren abgelegt habe, vertiefe ich mich leidenschaftlich in Bakunin, den freigeistigen Atheisten. Um uns herum sind die Jugendlichen vom Kommunismus begeistert.

Mit jungen Kommunisten fahren wir aufs Land nach Zielouka. Im Jahr 1923 gerät unser Leben aus den Fugen.

Der Ausflug hat nichts mit Politik zu tun. Dein Vater mit einem starken russischen Akzent, aber fehlerfreiem Polnisch hält einen langen Vortrag über Literatur. Er bespricht leidenschaftlich Ibsens „Nora oder ein Puppenhaus", als Polizisten auftauchen und uns alle mitnehmen.

Unter uns befand sich ein Spitzel, der bei der Polizei angab, dass in Zielouka sich eine Gruppe von Kommunisten aufhält, die von einem „russischen Agitator" – deinem Vater – versammelt wurden. Der Maulwurf hat auch erzählt, dass Nathan die Ideologie des „Kameraden Ibsen", einem norwegischen Dramatiker, rühmte. Das kam noch dazu.

Manche ließ man sofort wieder laufen. Mich aber nicht. Und Nathan auch nicht.

*

Nach vier Monaten hinter Gittern und vier Tagen Hungerstreik gelang es meinem Vater, ich weiß nicht, durch welches Wunder, dass ich unter Vorbehalt freigelassen wurde. Nathan kommt heraus nach zehn Monaten aufgrund einer ansehnlichen Kaution, die von seinen Eltern bar bezahlt wurde.

Wir sind auf freiem Fuß, müssen uns aber der Justiz zur Verfügung halten und die Verpflichtung eingehen, zum Prozess zu erscheinen. Wenn der Richter in seiner Vorlage den „Kamerad Ibsen“ nicht erwähnt hat, so deshalb, um das Lächerliche des Ganzen zu vermeiden. Wir sind jedoch der kommunistischen Propaganda angeklagt. Und in diesem zutiefst antisowjetischen Polen, katholisch und überaus antisemitisch, ist es klar, dass wir zu langen Gefängnisstrafen verurteilt werden, zu etwa vier bis sechs Jahren, wie uns die Anwälte voraussagen.

Unter dem Vorwand, die Anwaltskosten zu verringern, sucht Nathan meinen Vater auf. Es war ein katastrophales Treffen. Er ist nicht nur derjenige, der mich in diese tödliche politische Drift hineingeführt hat, sondern vor allem – und das ist meines Erachtens das Ausschlaggebende für meinen Vater – ist er der Prototyp eines Goï, eines Nichtjuden: sorgfältig rasierter Kahlschädel und kurze Kleidung. Ende der Diskussion.

*

Damit wir dem Prozess entkommen und unser Leben zusammen weiterleben können, beschließen Nathan und ich zu fliehen. Zuerst nach Danzig, das heutige Gdansk, eine freie Stadt, 1919 unter den Schutz des Völkerbundes gestellt. Dort arbeite ich als Schneiderin und dein Vater als Hafenarbeiter.

Dann sind wir in Berlin. Zu jener Zeit ist Deutschland das demokratischste Land. Anarchisten und Kommunisten können legal ihre Propaganda betreiben und sogar ihre Presseerzeugnisse herausgeben.

Dort trennen sich unsere Wege. Wir wollen in Paris wieder zusammenkommen, wohin meine Schwester Léa emigriert ist.

Ich ziehe als Erste los. Die Kameraden vom Anarchistenbund müssen mich nach Belgien schleusen. Von Dorf zu Dorf geht es, einfache Arbeiter beherbergen mich und geben mir zu essen. An der Grenze brauche ich drei Versuche, nachts durch Sümpfe hindurch, im Regen, bis es mir schließlich gelingt. Und so lande ich als armselige Person in Lumpen im Königreich Belgien. Ich schlage mich durch zum Dorf Hebersthal. Ich werde in eine Straßenbahn gesetzt Richtung Bahnhof. Aber leider bezichtigt mich eine Frau des Diebstahls und schleppt mich auf einen Polizeiposten. Angesichts dieser bis auf die Haut durchnässten Fremden ohne Papiere bekommen die Polizisten Mitleid. Sie bieten mir ein warmes Getränk an und heizen den Ofen. Das ist tragisch und köstlich auf einmal. In einem Kauderwelsch und ein wenig Deutsch gebe ich vor, Russin zu sein und nicht Polin, vor allem aber sei ich eine Waise, deren Eltern von den Bolschewiken umgebracht wurden. Die Frau fängt an zu weinen, die Polizisten führen mich an die Grenze und lassen mich im Gelände entkommen. Wunderbar! Es gibt Polizisten, die menschlich sind.

Aber ich muss noch einmal alles durchmachen. Zurück zu meinen Schleusern. Wieder ein nächtlicher Marsch, der dieses Mal klappt. Hebersthal – Brüssel. Dann Brüssel – Paris, nachts, denn man weiß, dass da die Kontrollen auf dieser Route selten sind. Und eines Morgens im Jahr 1924 endlich in Paris!

Ich läute an der Tür meiner Schwester Léa. Nathan ist einige Tage später da. Er ist frisch und munter und glänzt wie ein kleiner Star in seinen Klamotten eines Pariser Straßenjungen. Wir sind neunzehn Jahre alt und haben das Leben vor uns. Wir wollen es gemeinsam in Montpellier beginnen.

*

Wir verbringen glückliche Jahre. Wir sind arm, aber wir lieben uns, wir arbeiten viel und haben einen guten Freundeskreis, die meisten sind emigrierte polnische oder russische Kommunisten, und da ist auch Louis, der mit deinem Vater zusammen Medizin studiert.

Nathans Eltern schicken 500 Franken monatlich. Unser Zimmer kostet 300. Ich arbeite als Schneiderin. Für 12 Franken pro Tag muss ich einen Berg von Uniformhosen nähen. Wenn die Miete, die Studiengebühren von Nathan, die Bücher, die Lebensmittel bezahlt sind, bleibt uns gerade noch so viel übrig, dass wir von Zeit zu Zeit mal ins Kino gehen oder mal auf einer Terrasse uns einen Kaffee genehmigen können. Wir baden in den städtischen Bädern. Da wir kein Wort Französisch können, ist es schwierig, Arbeit zu finden, und für deinen Vater ist es noch komplizierter, in den Kursen in Medizin mitzukommen.

Aber wir sind glücklich und wollen ein Kind haben. Dein Bruder Georges wird 1931 in der Frauenklinik in Montpellier geboren. Da ich die Frau eines Medizinstudenten bin, habe ich das Privileg, ein Zweibettzimmer zu bekommen, und muss nicht in den großen Krankensaal. Meine Bettnachbarin ist Spanierin. Mitten im Zimmer bullert ein Holzofen, der ein wenig raucht. In dieser kleinen friedlichen Idylle entdecke ich die Freude, Mutter zu werden. Das erste Kind ist wie ein Wunder, das einem beschert wird. Georges ist das schönste Baby auf der Entbindungsstation, überhaupt das schönste auf der Welt. Davon bin ich überzeugt!

Deine Schwester Maguy kommt 1937 auf die Welt in Marseille, wohin wir umgezogen sind, nachdem Nathan sein Arztdiplom erhalten hat. Er hat sich als Arzt für Allgemeinmedizin niedergelassen und ich bin in Ausbildung zur Hebamme. Georges ist bei allen Kursen in der Babytragetasche neben mir dabei. Und Maguy bringe ich ganz allein zu Hause auf die Welt. Ein Mädchen nach einem Jungen. Und ein solch hübsches! Ich bin wunschlos glücklich.

Und dann kommt der Krieg. Nathan wird eingezogen und ist auch bald Kriegsgefangener. Er wird nach Deutschland gebracht.

Nathan

Yvonne

Du und Papa, ihr habt also lebend den Krieg überstanden. Aber als Papa dich endlich im Juli 1945 in Marseille wieder trifft, trägst du mich auf deinen Armen. Ich weiß nicht, ob er die Geschichte mit dem holländischen Baby, das du adoptiert hast, glaubt, jedenfalls wird die Lüge bald aufgeklärt. Einige Tage später kommt er nach Hause und ich werde gerade von dir gestillt. Zweifelsohne bin ich deine leibliche Tochter.

Ich stelle mir vor, dass ihr viel gestritten habt. Nathan entscheidet sich schließlich, mich als sein Kind anzuerkennen. Und ihr entscheidet euch auch – vielleicht hat er das von dir verlangt? – für ein weiteres Kind. Mit einundvierzig Jahren, am 18. April 1947, bringst du meinen Bruder Roger zur Welt.

Nathan hat nie gewollt, dass ich weiß, dass er nicht mein leiblicher Vater ist. Aus diesem Grund wollte ich zu Beginn der Niederschrift dieses Buches nichts von meinem Geheimnis preisgeben. Aus Respekt vor ihm. Um nicht sein Andenken zu „beschmutzen". Aber wenn ich mich nun entschieden habe, diese Wahrheit auszusprechen, dann deswegen, weil sie überaus edel ist.

Du hattest eine Beziehung mit einem anderen. Hat er jemals erfahren, dass es sein Freund war? Ich weiß es nicht. Ich war nicht seine Tochter, aber er hat mich anerkannt. Welch ein tiefer Sinn für Verantwortung! Und für mich ist er mein Vater. Der mich erzogen hat und der mich geliebt hat.

*

Ich sehe ihn noch vor mir, wie er eines Abends in seinem breiten Sessel aus braunem Velours dasitzt. Ich zeige ihm meine Noten, sehr gute Noten. Er gratuliert mir zu meiner Arbeit und sagt mit einem breiten Lächeln: „Es ist doch schön, Studentin zu sein … Auf jeden Fall liegt das bei uns, den Salamons, in unseren Genen. Sicher bin ich es, der sie dir vererbt hat." Welche Vornehmheit!

Ich vermute sogar, dass er mit den Jahren, obwohl er Mediziner ist, selbst daran geglaubt hat. Er war tief davon überzeugt. Er war ein wunderbarer Vater und er hat uns alle auf die gleiche Art erzogen: Georges, Maguy, Roger und mich. Wir waren eine wunderbare Geschwisterschar! Als ich die Wahrheit erfuhr, habe ich nie mit ihm darüber gesprochen. Aus einer Distanzhaltung heraus, aber auch aus Liebe. Er hat mich nicht gezeugt, na und? Er ist mein Vater, mein Herzensvater.

*

Vierzig Jahre lang hatte ich also auf meinem Ausweis als Ort und Datum meiner Geburt: 15. August 1945 und Marseille. Aber Papa stirbt 1986. Und du, Mama, bist krank und sorgst dich fürchterlich um mich. Und da fühlte ich, dass du die Geschichte korrigieren willst, sie vielleicht wiedergutmachen, mir offiziell meine tatsächliche Geburt zuerkennen willst.

Wir stellen ein Dossier zusammen. Du beschreibst die Umstände meiner Geburt und bittest Denise Lorach, Direktorin des Museums der Résistance und der Deportation in Besançon, ihr Zeugnis schriftlich niederzulegen. Sie war mit dir in Bergen-Belsen und konnte bestätigen, dass ich im Lager geboren wurde.

Einige Monate später war ich offiziell etwa zehn Monate älter. Auf meinem Ausweis steht seither: „Geboren am 20. Oktober 1944 in Bergen-Belsen.“ Aber ich weiß bis heute nicht, ob ich tatsächlich an diesem Tag geboren wurde. Warum? Weil das auch das Datum deiner Geburt ist! Hast du so das Leben von uns beiden noch enger verbinden wollen? Das ist für mich unbedeutend, der Gedanke gefällt mir und es geht ja nur um wenige Tage. Und wer konnte übrigens in Bergen-Belsen einen Kalender führen? Die Tage waren sich gleich, ein Tag so grässlich wie der andere. Das Wesentliche für mich ist, die Wahrheit über mich lesen zu können, und zwar schwarz auf weiß.

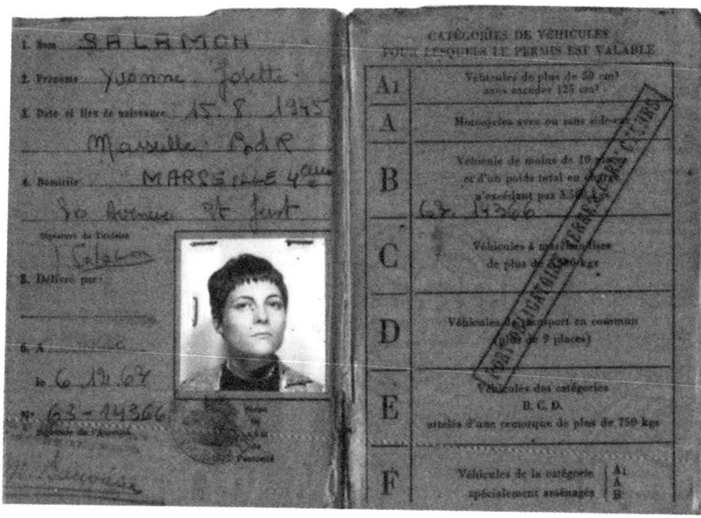

Ausweis von Yvonne Salamon:
Geboren am 15. August 1945 in Marseille

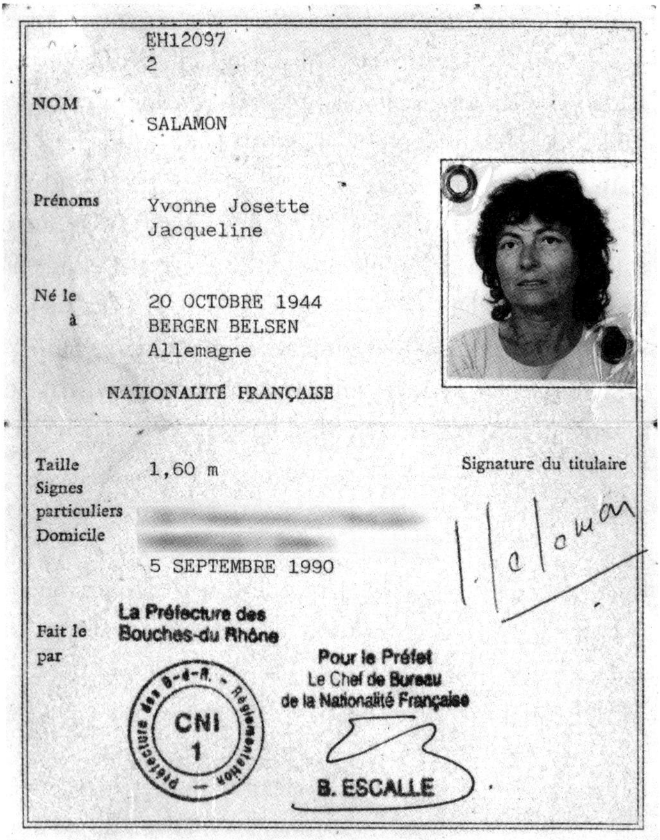

EH12097
2

NOM SALAMON

Prénoms Yvonne Josette
Jacqueline

Né le 20 OCTOBRE 1944
à BERGEN BELSEN
Allemagne

NATIONALITÉ FRANÇAISE

Taille 1,60 m
Signes particuliers
Domicile

5 SEPTEMBRE 1990

Fait le
par La Préfecture des Bouches-du Rhône

Signature du titulaire

Préfecture des B.-d.-R. – Réglementation
CNI
1

Pour le Préfet
Le Chef de Bureau
de la Nationalité Française

B. ESCALLE

Ausweis von Yvonne Salamon:
Geboren am 20. Oktober 1944 in Bergen-Belsen

Hélène

Im Universum des Schreckens von Bergen-Belsen bin ich gewissen Frauen begegnet, die den Kern ihrer Persönlichkeit gezeigt haben. Béatrice und Nana sind ganz außergewöhnliche Geschöpfe, sie sind Heldinnen.

*

Es war Anfang 1945. Wir sind wegen des Schmutzes und des Wassermangels körperlich und psychisch in solch einem elenden Zustand, dass unsere Kapos es aufgeben, uns noch länger irgendwelche Arbeiten aufzubrummen. Es war unmöglich, diese lebenden Skelette in Marsch- oder Arbeitskolonnen zu bringen.

Im Krankenrevier sterben die Kranken zu Hunderten wegen Ernährungsmangel und fehlender Pflege. Die Ruhr wütet verheerend und wir Krankenpfleger leeren den ganzen Tag Bettpfannen mit rötlichem Inhalt als Folge der Verdauung von Runkelrüben.

In einem abgeschirmten Bereich steht die Baracke, die für die Typhuskranken und die besonders Schwerkranken bestimmt ist. Die Deutschen nennen sie den „Infektionsblock". Normalerweise kommt man da nur auf einer Trage und mit hohem Fieber hinein. Die Suppe wird zum Verteilen bis an das Gitter gebracht und dort von Genesenen übernommen und verteilt. Eine armselige Vorsichtsmaßnahme in einer galoppierenden Epidemie.

Eines Tages kommt meine Freundin Béatrice auf mich zu und teilt mir mit, dass sie vorhat, sich freiwillig als Pflegerin in den Infektionsblock zu melden. Da ich große Angst um sie habe, versuche ich, sie davon abzubringen, indem ich mit ihr über ihre Kinder spreche, die in Frankreich geblieben sind. Ich nehme ihre Hand in die meine, schaue ihr tief in die Augen und sage zu ihr: „Trotz unseres Zustandes haben wir vielleicht noch eine winzige Chance, bei der Befreiung des Lagers noch da zu sein und unsere Kinder wiederzusehen. Warum willst du diese Chance verringern, wenn du dich in diese Gefahr bringst, obwohl dich niemand dazu zwingt?“ Auf alle meine Argumente hat Béatrice nur eine Antwort: „Ich möchte noch zu etwas nütze sein, solange ich noch ein wenig Kräfte habe.“

Auch stundenlange Diskussionen ändern nichts daran. Am nächsten Tag geht sie in den Infektionsblock. Ich habe sie erst nach der Befreiung wiedergesehen, sie lebte noch, war aber vom Typhus schwer gekennzeichnet.

Nana ist eine junge Pariserin und selbst mitten im Lager bleibt sie der Inbegriff einer Pariserin. Ich sehe sie nachts immer wieder: ihre Gangart, wie sie den Kopf trägt, ihre halblangen braunen Haare. Da steht sie wieder vor mir, wie sie die mit Papier umwickelten Lockenwickler herausholt, sie fährt ihre Lippen mit Rouge nach, das sie wunderbarerweise trotz der Durchsuchungen hereingeschmuggelt hat, und wie sie dann erhobenen Hauptes aus der Baracke geht. Da steht sie, Nana, ein Beispiel von menschlicher Würde, morgens um vier auf dem Appellplatz.

Sie ist für uns alle ein Vorbild. „Sich nicht niedermachen lassen, wie dramatisch die Situation auch ist“, wiederholt sie oft und entwickelt dabei ununterbrochen Zukunftspläne für die Zeit nach der Befreiung. Ihr Optimismus ist ansteckend. Selbst die Niedergeschlagensten lassen sich mitreißen, denn sie lässt sie teilhaben an ihren Träumen und nimmt sie mit sich zurück nach Frankreich. Es ist ja auch so schön zu träumen, wenn man ihr zuhört.

Mein erster Kontakt mit Nana ist an einem Tag, als ich mit starkem Fieber auf meinem Bettgestell liege und vor Kälte schlottere. Ich merke, wie jemand mir meine Decke wieder hochzieht. Ich mache die Augen auf und sehe vor mir ihr lächelndes Gesicht. Sie hält mir den Kopf hoch und gibt mir ein wenig warmen Kräutertee zu trinken, also etwas, was es hier nie gibt. Nana, die Zauberin von Bergen-Belsen … Tagelang versorgt sie mich, verwöhnt mich, wie wenn ich statt einer Unbekannten ihre Lieblingsschwester wäre.

In diesem Winter von 1945 rafft der Tod karrenweise die Häftlinge dahin, deren Leichname zum Krematorium gefahren werden. Er wütet besonders in den Männerbaracken. Es bleibt ein weiteres Geheimnis von Nana, das nur sie kennt, wie sie es fertigbringt, Zugang zu diesen Baracken zu haben.

Sie berichtet mir, in welchem Zustand sie die Männer vorfindet. Sie liegen da zu Hunderten auf faulem Stroh, regungslos und voller Ungeziefer. Nana ist schockiert, traurig, wütend, aber nicht niedergeschlagen. Nein, sie nicht. Sie macht Rasierzeug ausfindig und nimmt sich vor, mit diesem kleinen Mittel gegen den Typhus zu kämpfen, der sich über die Flöhe verbreitet. Den ganzen Tag über rasiert sie die Männer und macht sie sauber, sie pflegt sie, wie sie mich gepflegt hat, als ich krank war, voller Freude und jedem ein Lächeln schenkend.

„Wenn ich komme, schauen sie mich an, als ob ich eine gute Fee wäre. Ich bringe es fertig, selbst aus dem Elendesten oder einem Verzweifelten ein Lächeln herauszuholen. Vielleicht sind sie morgen gar nicht mehr da, aber ich wecke in ihnen ein wenig Hoffnung. Ihr Lächeln ist mein Lohn." Was kann man mehr sagen?

Hélène

März 1945. Im Lager gibt es keine Organisation mehr. Und fast keine Nahrung. Und noch weniger Trinkwasser. Von jetzt an kümmern sich die SS-Leute nicht mehr darum, dass Männer und Frauen getrennt sind. In die Krankenblocks kommen sie vermischt herein und immer größer wird ihre Zahl.

*

Eines Tages schleppt sich Pierre Ogouz, ein Mann von etwa dreißig Jahren, bis zu mir. Ich kenne Pierre. Er ist nicht zum ersten Mal im Krankenrevier. Vor einiger Zeit hat er mir von seiner Arbeit als Journalist erzählt bei der Wochenzeitschrift *Marianne*, Schwerpunkt Politik und Kultur, und hat mit mir über seine Filmkritiken gesprochen. Seine Frau, deren Namen ich vergessen habe, und seine Mutter Vera sind in der gleichen Baracke wie ich. Vera ist für mich unvergesslich. Ich höre sie immer noch sagen: „Ich habe keinen Hunger mehr“ und lässt den unteren Teil der Suppe beiseite. Ich durchblicke ihre Strategie. Sie lässt diesen Rest übrig für ihren Pierre. Und er hat das Opfer seiner Mutter verstanden. Und da gibt er mir eines Tages, als er wieder etwas Hoffnung geschöpft hat, ein Versprechen: „Wenn ich durch ein Wunder dem Tod entwische, werde ich einen langen Artikel schreiben über die List einer Mutter.“ Vera ist in einer Nacht in unserer Baracke gestorben.

Pierre ist ganz schlimm dran, als er an jenem Tag ins Krankenrevier kommt. Ich bette ihn auf ein Liegegestell. Er glüht vor Fieber, zittert von Kopf bis Fuß und hat das Bewusstsein schon halb verloren. Wenn er für Augenblicke aus seinem Delirium erwacht, reißt er die Augen weit auf und murmelt einige unverständliche Sätze. Alles Symptome von Typhus. Nach einigen Tagen scheint er wieder zu Kräften zu kommen. Ich gehe zu ihm und lege auf seine Zunge ein Stückchen Zucker, das ich im Raum der Pfleger versteckt habe.

Das schien mir so klar und selbstverständlich zu sein, fast ein Muss, dass ich das zurückgebe, was mir gegeben wurde. Ich denke zurück an den Kräutertee von Nina, als es mir auf meiner Liege so ging wie jetzt Pierre. Ich denke zurück an das Stück Zucker, das Noël mir geschenkt hat, als ich in Nîmes in den Händen der Miliz war. Jenes Stück Zucker, das in der Toilette versteckt war und das mir so guttat.

Ich beuge mich über Pierre, während der Zucker in seinem Mund sich auflöst. Ich nehme ein schwaches Lächeln auf seinen Lippen wahr und in seinen Augen ein starkes Leuchten. Es braucht keine Worte. Wir lächeln uns an. Hat der Zucker seinen Tod erleichtert? Ich hoffe es. Pierre ist einige Stunden später entschlafen.

Yvonne

Kommt es daher, dass ich so viele Kranke und vor allem Sterbende gesehen habe? Immer hast du gewollt, dass alle deine Kinder Ärzte werden. Für dich war es der beste Beruf, den es auf der Welt gibt. Du sagtest immer: „Zuerst Medizin studieren und dann weitersehen, was man daraus macht." Ich bin Psychiaterin geworden. Und das ist offenbar nicht gerade ein Zufall.

*

Ich habe diesen Beruf erst mit dreißig Jahren ergriffen. Es war nach der Entdeckung der riesigen Lüge über meine Empfängnis. Es war ein schrecklicher Schock, ich habe schon davon erzählt. Du hast mich so viele Jahre lang angelogen. Ich erinnere mich nicht, dass ich damals es so gesehen habe, aber heute erstaunt mich das, nämlich dass ich die zweite Hälfte meines Berufslebens dafür verwendet habe, aufrichtig zu sprechen, das Wesentliche zu besprechen, was notwendig ist zwischen einem Psychiater und seinem Patienten. Und zwischen uns beiden, sogar außer dieser Lüge (und was für eine Lüge!) wurde nichts über die Deportation, die Leiden, die Verletzungen gesprochen. Und ich? Ich habe die Wahl getroffen für die Begleitung von Menschen, damit sie es über die Zunge bringen, was sie aus dem Gleichgewicht bringt in ihrem tiefsten Innern. Worte, mit denen sie ihr Übel ausdrücken können. Ich glaube nämlich entschieden nicht an Zufälligkeiten.

*

Psychiater zu sein bedeutet, Sympathie für den anderen zu haben, und zwar im Sinne des Wortes, das heißt, mit dem andern zu leiden, und zwar so, dass ich ihn verstehe, aber nicht zu sehr, damit eine therapeutische Distanz noch gewahrt bleibt. Fähig sein, das Leiden anzunehmen, es ein wenig mitzuempfinden, selbst wenn es extreme Formen annimmt.

Ich behandelte Patienten mit tiefem Leid, Verrückte, Gewalttätige, Menschen mit Halluzinationen und auch Schizophrene. Aber ich habe ihnen gegenüber, auch mit meinen ein Meter sechzig Körpergröße nie Angst empfunden. Ich glaube im tiefsten Innern, dass das als Widerhall von etwas fast Familiärem ist. Kommt es daher, dass ich den Tod monatelang so nah erlebt habe? Oder dass ich monatelang mit verzweifelten Wesen in Berührung kam, die vor Schmerzen stöhnten? Bin ich so sehr von diesen Monaten in Bergen-Belsen geprägt, dass ich mich instinktiv zu Menschen in großer Not hingezogen fühle?

Auf jeden Fall wollte ich diesen Kranken helfen, sie versorgen, sie beruhigen. Das ist meine Art, das zurückzugeben, was ich bekommen habe.

*

Auch etwas weitergeben von dieser Lebenskraft, die in mir steckt. Die mich immer wieder denken lässt: Wenn es die Zufälle nicht gibt, gibt es aber eine Chance. Unter der Bedingung, dass man weiß, wie man sie ergreift oder wie man sie provoziert.

Denn eine Chance zu bekommen, das kann man lernen. Indem man sich daran gewöhnt, Entscheidungen zu treffen, die uns angemessen sind und die für uns gut sind. Und die nicht auf Kriterien beruhen, die von außen kommen, seien sie moralischer oder sozialer Natur, sondern von einem selbst.

Sich Chancen zu schaffen, heißt auch, dass man lernt, aus seiner Routine auszubrechen, was nicht das Leichteste ist. Und all das kann man nur im Miteinander mit den anderen erreichen und im Knüpfen von Beziehungen im Beruf, in der Liebe, in der Freundschaft, im sozialen Bereich …

Was ich in meinem Leben gelernt habe, ist, dass ich versucht habe, meinen Patienten beizubringen, dass man einen Weg zu sich selbst finden muss, und lernen, sich selbst zu sein. Und sich der Kürze des Lebens bewusst zu sein. Sich selbst zu sein.

Hélène

Am 9. April 1945 evakuieren die SS-Leute deportierte Juden, um sie als Geiseln oder Schutzschilde zu verwenden.

Wir sind Hunderte und Aberhunderte von Elenden, einer kränker als der andere, mit Typhus, Tuberkulose, Ruhr, Sterbende. Alle stöhnen. Alle werden hastig in Lastwagen geworfen, dann übereinandergestapelt wie Tiere zur Abdeckerei und dann zum Bahnhof Belsen gefahren, der circa zehn Kilometer entfernt ist.

Aber nicht alle. Dieses Mal habe ich Glück, denn manche müssen zu Fuß gehen und brechen tot zusammen. Ich komme in einen Lastwagen. Du bist immer noch an meine Brust gepuckt und unter meiner Bluse versteckt. Und du weinst immer noch nicht.

*

Bei meiner Ankunft im Lager hatte ich Gefangene gesehen mit roten Rechtecken, die auf dem Rücken der Jacken aufgenäht waren. Mir wurde erklärt, dass es sich um deutsche Gefangene handelt, Kommunisten oder andere Gegner des Hitlerregimes. Da hatte ich diese Leute sehr bewundert, die seit 1933 ein Nein zu Hitler gesagt haben. Wir, die Juden, hatten den Davidstern auf der Brust. Sie hatten ein rotes Rechteck auf dem Rücken.

Aber jetzt, als ich beim Lagertor auf einen Lastwagen warte, um weggefahren zu werden, löst sich meine Bewunderung in Luft auf. Dieselben deutschen Häftlinge werfen einen Hagel von Steinen auf uns und beschimpfen uns. Ich war sprachlos, als ich sie rufen hörte: „Wegen den Juden hat Deutschland den Krieg verloren." Sind diese Kämpfer gegen das Hitlertum Antisemiten geworden? Oder waren sie es schon? Sogar unter Schicksalsgenossen im Unglück hat der Hass es fertiggebracht.

*

Am Bahnhof wartet ein eigenartiger Zug. Er besteht aus bunt zusammengewürfelten Wagons: Viehwagen, Wagen mit einfacher Plattform, Wagen vierter Klasse … Wir müssen in den steigen, der vor uns ist. Ich befinde mich vor einem Viehtransporter. Es herrscht eine ganz verrückte Brutalität. Die Soldaten brüllen und schlagen grundlos zu. Eigentlich sind wir daran gewöhnt, aber diesmal merken wir, dass sie in Panik sind, und ihre Wut hat sich vervielfacht.

Auch dieses Mal wissen wir nicht, wohin der Konvoi uns bringt. Aber gibt es etwas Schlimmeres als Bergen-Belsen?

*

Ja. Diese Reise ist noch schlimmer. Man kann es mir nicht glauben, denn es ist wirklich unglaublich.

Es gibt kein Klo, oder anders gesagt, keinen Eimer, um die Notdurft zu verrichten. Da auch alle an Durchfall und anderen Übeln leiden, entleeren wir uns auf den Boden. Von jetzt an leben wir in einer Kloake, in einer totalen Schändlichkeit, wir baden sozusagen darin. Die einen liegen über den anderen, denn wir sind viel zu viele für die Größe des Wagens.

Lebt mein Nachbar noch oder ist er tot? Ich bin unfähig, es zu sagen. In Wirklichkeit stelle ich mir diese Frage nicht. Man darf nicht denken, nur diesen unerträglichen Geruch einatmen.

Und in dem Zustand, in dem wir Bergen-Belsen verlassen haben, übereinandergestapelt, wie wir sind, verlangt das Überleben Übermenschliches. Wir, die wir noch leben, sind zu Skeletten abgemagert. Man kann uns nur durch das Stöhnen von den Toten unterscheiden. Und jeden Tag gehen einige über diese dünne Grenze, die uns noch von ihnen trennt, und sterben.

Unsere Körper geben nach und nach ihren Dienst auf. Einige verlieren den Kopf. Solch ein Leiden grenzt an Wahnsinn. Und dann ist der Typhus da, das Fieber und das Delirium ebenso. In diesem Zug zu sein, heißt auch, das fast nicht mehr menschliche Schreien der Frauen zu hören. Und wir werden da vierzehn Tage zubringen. Dreihundertsechsunddreißig Stunden in der Hölle.

Wenn der Zug an einem Bahnhof hält, werfen wir die Leichen hinaus und überlassen das Weitere den deutschen Eisenbahnern. Diejenigen, die noch die Kraft haben, klettern hinaus und trinken Wasser aus den Gräben.

Das wenige Brot und die Margarine, die vor der Abfahrt verteilt wurden, waren schon am ersten Tag verschlungen. Manche essen Grashalme, die neben den Gleisen die Füße streiften. Ich kaue diese Halme und stecke sie dir in den Mund. Und du schluckst sie. Ich habe auch noch ein wenig aufgesparte Trockenmilch, die ich mit dem Wasser aus den Gräben aufrühre. Es ist eher ein Brei, den du gierig verschlingst. Aber er hat dich vielleicht gerettet, mein Kind.

*

Der Zug fährt im Kreis. Wir werden später erfahren, dass wir umzingelt sind. Auf der einen Seite von den Briten, auf der anderen von den Russen. Im Verlauf der Tage drücken die beiden Armeen den Schraubstock zu und hindern den Zug am Weiterfahren. Wir fahren wieder in Bahnhöfe, wo wir schon einmal angehalten haben.

*

Am fünfzehnten Tag, dem 23. April 1945, hält der Zug endgültig. Wir hören nicht mehr das Gebrüll der SS. Der Grund: Sie haben uns verlassen. Soldaten nähern sich. Es sind Russen. Bauschige Hosen, bizarre, schlaffe Kopfbedeckungen. Einige Meter hinter ihnen wiehern Pferde. Wir sind in Tröbitz.

Die Kranken werden in ein Krankenhaus gebracht. Die noch Gesunden folgen den Befehlen der sowjetischen Soldaten. Wir gehen in deutsche Häuser und lassen uns dort nieder. Ich möchte mich ganz schnell waschen, dich waschen, unsere Kleider wegtun, die voller Flöhe sind. Und dann ganz schnell essen und trinken.

*

Eine Deutsche lässt uns widerwillig bei sich eintreten. Ein russischer Soldat kommt hinzu und befiehlt ihr, ihm die Armbanduhr zu geben. Da sie ihn nicht versteht und glaubt, dass er ihren Mann sucht, antwortet sie auf Deutsch, dass dieser gefallen ist im Krieg von 1914. Der Russe wird wütend und schlägt sie, während die Frau nicht aufhört zu wiederholen: „Tot im Jahr 1914!" Ich bekomme diese verrückte Szene mit und verstehe das Komische der Situation, weil ich russisch und deutsch spreche.

In Bergen-Belsen wurden wir Frauen oft geschlagen von den Lagerwächterinnen. Sie wurden „graue Mäuse“ genannt wegen ihrer Uniform. Rock und Kittelbluse in einem Graugrün. Sie hatten immer eine Riemenpeitsche in der Hand. Diese deutschen Frauen sind nicht eingezogen worden, sie haben sich freiwillig gemeldet. Bei jedem Schlag, den ich bekam, und bei jeder Demütigung vergrub ich meinen Zorn tief in mir. Aber der Gedanke an Rache half mir, durchzukommen. Tausendmal habe ich mir gesagt, dass ich mich rächen würde, wenn ich wie durch ein Wunder durchkomme. Auch wenn es Unschuldige wären.

Und jetzt, diesem Soldaten gegenüber, der diese Frau schlägt, höre ich mich auf Russisch sagen: „Ihr habt euch mit Ruhm bedeckt, als ihr Berlin eingenommen habt, und jetzt schlagen Sie eine Frau!“ Verdutzt schaut der Soldat mich an, dann verlässt er den Raum und fährt mich dabei an: „Und Sie verteidigen eine Deutsche? Schauen Sie in den Spiegel und sehen Sie, was sie aus Ihnen gemacht haben.“

Die Frau begreift, dass ich für sie eingegriffen habe.

Heute noch habe ich Mühe zu verstehen, was mich damals so handeln ließ.

*

Im Untergeschoss dieses Hauses finden wir einen Schatz. Lebensmittel in Hülle und Fülle. Aber ich weiß von meinem Studium und aus meinen Erfahrungen in den Gestapokellern in Vichy, dass man aufpassen muss und sich nicht auf die Esswaren stürzen und nicht den hohlen Bauch füllen darf, wenn man es danach nicht büßen will oder vielleicht sogar daran sterben kann.

Im Erdgeschoss wird uns ein Zimmer gegeben. Und in diesem Zimmer – ich habe vergessen, woran es mich erinnerte – ereignet sich ein Wunder. Ich ziehe dir die Behelfswindeln aus und trenne mich von dir. Und da schreist du zum ersten Mal. Zum ersten Mal höre ich deine Stimme ganz laut. Was für ein Gefühl! Den Schrei, den alle Babys ausstoßen, wenn sie aus dem Mutterleib herauskommen, stößt du sechs Monate später aus, als wir endlich befreit werden und ich dich von mir wegnehme. In meinen Augen, meine Tochter, bist du an diesem Tag geboren worden.

Yvonne

In den Militärdokumenten von Papa steht: „Arzt-Leutnant Nathan Salamon, in Kriegsgefangenschaft am 22. Juni 1940 in Corcieux (Vogesen), befreit aus dem Kriegsgefangenenlager von Lübeck (Deutschland) am 2. Mai 1945."

Der weitere Verlauf seines Lebens geht aus den Papieren der Armee nicht hervor. Sie verdient es dennoch, erzählt zu werden.

Die französischen Offiziere wissen, dass ihre Frauen in der Mehrzahl nach Bergen-Belsen gebracht wurden. Nathan macht sich auf und sucht dich dort, Mama. Am 3. Mai, also schon am darauffolgenden Tag seiner Befreiung, fährt er in einem Lastwagen die 150 Kilometer von Lübeck nach Bergen-Belsen. Er dringt in „unser" Lager ein mit anderen französischen Offizieren.

Papa hatte unter den Lebensbedingungen und dem eisernen Besen der Lagerdisziplin in Lübeck gelitten. Aber an diesem Tag wird ihm klar, dass das nichts war im Vergleich zu dem, was du durchgemacht hast. Er entdeckt den Horror eines Todeslagers. In jeder Baracke, die er betritt, liegen Dutzende Leichen auf dem Boden oder auf den Strohschütten. Am Rand der Lagerstraßen Haufen von Leichen, die bis zum Skelett abgemagert sind. Und ganz am Ende des Lagers in den Massengräbern die sterblichen Überreste von fast 20.000 Männern, Frauen und Kindern. 20.000!

Wegfahren ist unmöglich, Nathan will die Überlebenden versorgen, alle sind schwer krank. Das Internationale Rote Kreuz beauftragt ihn, die Hilfsmaßnahmen zu organisieren.

In seinen Aufzeichnungen habe ich nach seinem Tod den Bericht entdeckt, den er geschrieben hat.

In den ersten Tagen, so schreibt er, sterben 300 Menschen täglich in Bergen-Belsen. Zwei Wochen später noch 20 bis 30 am Tag, trotz der Bemühungen von etwa sechzig Ärzten und 200 Krankenschwestern.

Er ist niedergeschlagen durch das Elend dieses Lagers. Es gibt keine Waschgelegenheiten, die Duschen sind offensichtlich nicht zu benutzen und der körperliche Verfall der Überlebenden macht ihn fertig.

Er hebt die seelische Hilfe hervor, die von den französischen Offizieren von Lübeck für ihre deportierten und kranken Landsleute ausgeht. Diese waren bis jetzt isoliert, sie fürchteten, zurückgelassen oder vergessen zu werden. Die tägliche Anwesenheit der Offiziere ist für sie wertvoll und beruhigend.

Nathan verlässt nach einigen Wochen das KZ Bergen-Belsen. Er ist erschöpft und total ausgelaugt, er kann nicht verstehen, was er gesehen hat, was der Mensch machen kann, wenn er der Barbarei verfällt.

Er findet dich wieder in Marseille bei euch zu Hause. Was für ein Wiederfinden! Denn bei seiner Ankunft war auch ich da, in deinen Armen.

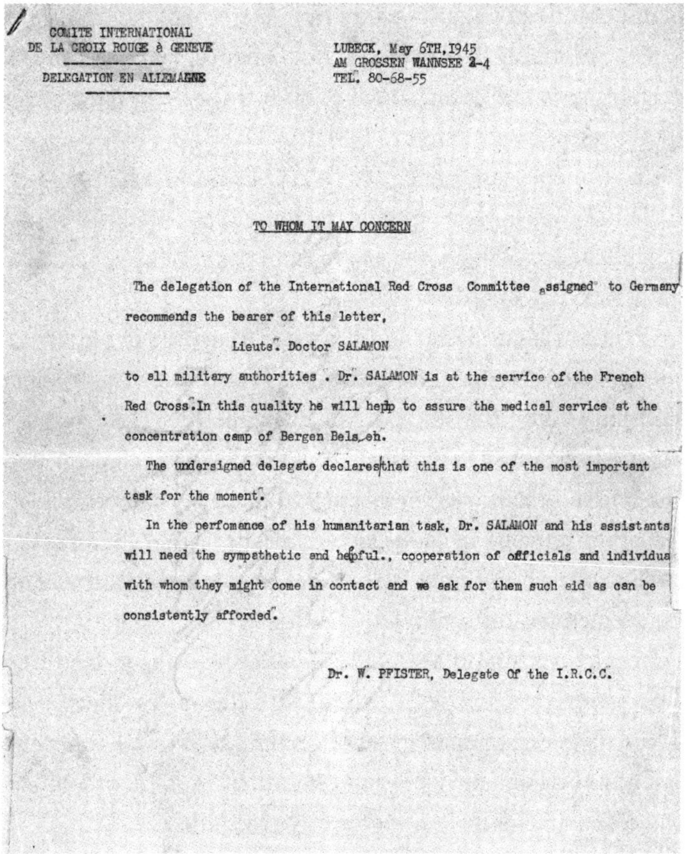

COMITE INTERNATIONAL
DE LA CROIX ROUGE à GENEVE

DELEGATION EN ALLEMAGNE

LUBECK, May 6TH, 1945
AM GROSSEN WANNSEE 2-4
TEL. 80-68-55

TO WHOM IT MAY CONCERN

The delegation of the International Red Cross Committee assigned to Germany recommends the bearer of this letter,

Lieute. Doctor SALAMON

to all military authorities . Dr. SALAMON is at the service of the French Red Cross. In this quality he will help to assure the medical service at the concentration camp of Bergen Belsen.

The undersigned delegate declares that this is one of the most important task for the moment.

In the perfomance of his humanitarian task, Dr. SALAMON and his assistants will need the sympathetic and helpful., cooperation of officials and individuals with whom they might come in contact and we ask for them such aid as can be consistently afforded.

Dr. W. PFISTER, Delegate Of the I.R.C.C.

Dokument des Internationalen Roten Kreuzes, abgefasst in Englisch

Internationales Komitee des
Roten Kreuzes in Genf
Delegation in Deutschland

Lübeck, den 6. Mai 1945
Am Großen Wannsee 2–4
Tel. 80-68-55

An jegliche Empfänger

Die für Deutschland unterzeichnende Delegation des Internationalen Roten Kreuzes empfiehlt den Träger dieses Schreibens, Leutnant Doktor SALAMON, an alle Militärbehörden. Dr. SALAMON steht im Dienst des Französischen Roten Kreuzes. In dieser Eigenschaft wird er dazu beitragen, den medizinischen Dienst im Konzentrationslager Bergen-Belsen zu garantieren.

Der unterzeichnende Delegat erklärt, dass dies zurzeit eine der wichtigsten Aufgaben ist.

Bei der Erfüllung seiner humanitären Aufgabe benötigen Dr. SALAMON und seine Assistenten die wohlwollende und hilfreiche Zusammenarbeit von Funktionären und Einzelpersonen, mit denen sie in Kontakt kommen werden und wir bitten diese um effektive und tatkräftige Mithilfe.

Dr. W. Pfister, Delegierter des Internationalen Roten Kreuzes

I

Un groupe d'officiers prisonniers de guerre de l'OFLAG X C LUBECK, libérés, a visité le 3 Mai I945 (le lendemain de la libération) le camp de déportés de BERGEN-BELSEN. Frappés par la misère et la déchéance physique de nos compatriotes déportés, les officiers ont décidé de surseoir à leur retour en FRANCE, et ont organisé des secours rapides aux déportés . Pour faciliter cette tâche, un des prisonniers, le Lieutenant SALAMON, a été nommé par la CROIX ROUGE INTERNATIONALE , et chargé de liaison avec le camp.

Voici le compte rendu fait le I9 Mai 45 et transmis au Centre d'Accueil de LUBECK, à la C.R.I. et au Ministère des Prisonniers de Guerre :

RENSEIGNEMENTS GENERAUX SUR LE CAMP DE CONCENTRATION

DE BERGEN - BELSEN

A - SITUATION AU I5 AVRIL 45 (Arrivée des Anglais)
(La mortalité et les changements continuels de camp rendent impossible des renseignements numériques précis : tous les chiffres doivent être pris comme approximatifs.

Le Camp de concentration de BERGEN-BELSEN contenait, le I5 Avril I945, environ : 39.000 prisonniers de toute nationalité, sexe, âge, enfermés dans ce camp pour des motifs variés - politiques, raciaux, etc....

L'effectif aurait atteint, antérieurement, 47.000.

LOGEMENT : baraques en bois, sales et délabrées, isolées les unes des autres par des barbelés.

COUCHAGE : Lits à 3 étages, ou litière de paille par terre. Fréquemment, 2, 3 ou 4 personnes dans le même lit (par étage)

ALIMENTATION : Dans les 20 jours précédant la libération :

I pain pour I2
I rutabaga pour 20

les I2 derniers jours sans eau

6 derniers jours sans aucun ravitaillement

HYGIENE & ETAT SANITAIRE - Aucune installation d'hygiène dans certaines baraques, feuillées à ciel ouvert, et pas de lavabos.

MALADIES : Typhus - dyssenterie - entérite - non soignées

Au mois de Mars : I7.000 décès.

Du I° Avril à la libération : près de I.000 décès par jour (nous avons vu plus de I7 fosses de I.000 cadavres chacune)

Dans les I5 jours précédant la libération, l'enlèvement des cadavres n'étant plus assuré, ceux-ci jonchaient les avenues du camp, ou restaient à l'intérieur des baraques. Normalement, les cadavres étaient trainés par les déportés jusqu'aux fosses creusées à l'extrémité du camp, et actuellement en cours de comblement

SÉVICES - les déportés ont témoigné des innombrables atrocités dont ils ont été victimes ou témoins : fusillades, injections d'essence intra-cardiaque, préparatifs visant la destruction du camp par explosifs, etc...etc...

La mission ayant essentiellement un rôle de secours, et non d'enquête, n'a pu se préoccuper de recueillir systématiquement ces témoignages.

B - MESURES PRISES PAR LES SERVICES DE L'ARMEE ANGLAISE - Le camp de concentration de BERGEN-BELSEN (dit Camp N° I) est à proximité (environ 3 Kms.) d'un important ~~village~~ camp de S.S. : plusieurs centaines de casernes neuves et de bâtiments de toute nature occupant une surface considérable (environ 5 kms sur I Km)

Les Anglais évacuent méthodiquement les habitants du camp I (dit camp de la mort) et les installent, après les avoir lavés, désinfectés et habillés, dans les bâtiments du village de S.S.

A cet effet, ce village de S.S. est divisé en 3 parties :

Camp N° I : Hôpital
Camp N° 2 : Hommes
Camp N° 3 : Femmes où sont transportés les malades les moins gravement atteints,

.....

et non-contagieux.

HOPITAL - ensemble de bâtiments entourés de barbelés et rigoureusement consignés, des cas de typhus nouveaux y étant déclarés. On y transporte les typhiques et les grands malades.

Au 7 Mai, on évaluait à I0.000 environ les habitants de l'ancien camp ; son évacuation qui présente des difficultés énormes, dûes à l'état de faiblesse et de saleté des malades, se poursuit au rythme le plus rapide possible (opération terminée le I7/5/1945

A la même date, on évaluait à 23.000 les habitants des 3 camps du village (camp 2 - Camp 3 - Hôpital) - L'Hôpital aurait contenu environ 8.000 malades, dont la moitié de tuberculeux. L'installation de 4.000 lits nouveaux était envisagée, à raison de 200 lits par jour.

Personnel médical de l'Hôpital le I3 Mai:

MEDECINS : I2 médecins Anglais
20 mèdecins anciens prisonniers de nationalités diverses - appelés à quitter leur emploi pour être rapatriés
6 mèdecins suisses dirigés par le Dr RIDERHER
20 mèdecins allemands prisonniers

INFIRMIERES : I0 Anglaises
I2 Suissesses
200 Allemandes

La mortalité qui atteignait, avant la libération, près de I.000 décès par jour, était au 7 Mai d'environ 300 décès par jour, et continue de diminuer : 20 à 30 vers le I8 Mai.

II - RENSEIGNEMENTS PARTICULIERS CONCERNANT LES FRANCAIS

A)- CAMP - BERGEN BELSEN - Restant, au 7 Mai :

219 Français ou Belges : I0 typhiques
I50 entéritiques graves
4o tuberculeux
I9 femmes malades graves

(la plupart des françaises étaient déjà évacuées, les typhiques sur l'hôpital, les non-typhiques sur le camp 3)

....

LOCAUX - Ceux décrits au Chapitre I

PERSONNEL FRANCAIS - Médecin Cdt. FREJAFON, ancien déporté du camp, aidé par plusieurs infirmiers déportés bénévoles, ainsi que par le Dr WAHL, ancien Prisonnier de guerre (Oflag X B Nienburg) qui a contracté le typhus, et se trouve actuellement en traitement à l'hôpital du Stalag XI B (Fallingpostel) et par le Lt. ALIX, ancien Prisonnier de guerre (Oflag X B) Aumônier volontaire.

Officier de liaison, délégué par la Commission Française de rapatriement : Le Lt FRANCOIS PONCET.

Le personnel français est aidé par de jeunes étudiants en médecine, anglais, arrivés par Avion vers le 4 Mai, et dont le dévouement est exemplaire.

B) - CAMP 2 - Au I3 Mai, environ I70 hommes, tous atteints de dysenterie grave.

Vers le 7 Mai, il y avait de nombreux décès quotidiens.

Le I3 Mai, a été le I° jour sans décès.

LOCAUX - Médiocres : écuries

COUCHAGE - Sur la paille

PERSONNEL FRANCAIS - Médecin Ltd LEGRAND (Com. Fse de Rapt.)

Lt. BINOCHE, officier de liaison (Com. Fse de Rapatriement)

La situation, assez mauvaise, tant au point de vue logement, qu'au point de vue alimentaire, s'est améliorée progressivement, jusqu'au I7 Mai, date de départ de ce groupe.

C - CAMP 3 - Au I3 Mai : 350 Femmes - Une dizaine d'enfants Etat sanitaire relativement bon.

LOCAUX - Bons - Casernements allemands. Lits à 2 ou 3 étages. Quelques malades au grenier, sur la paille.

PERSONNEL FRANCAIS - Médecin Ltd LE TOUX P. de G. (Oflag X B)

Infirmier GIROARD (Prisonnier de Guerre OFLAG X B)

tous deux tolérés officiellement par les autorités anglaises, et aidés par :

Mademoiselle Annette WEILL, étudiante en médecine, ancienne déportée.

Officier de liaison : Lt François PONCET.

ALIMENTATION : A peu près suffisante. Manque d'aliments ~~frais et de~~ médicaments. Des secours alimentaires ont été apportés de FALLINGBOSTEL (sur l'initiative de Monsieur l'Abbé CHESNAY, aumônier du Stalag XI B) , de BERGEN et de LUBECK par les soins de la Mission de LUBECK.

Aussi bien pour le Camp 2 que pour le camp 3, la plupart des malades atteints d'entérite étaient très affaiblis et avaient besoin de vivres spéciaux et d'une cuisine de régime. Pour les mieux portants, il fallait de la viande, des légumes, et des oeufs frais.

Dans les deux Camps, et surtout au camp 2, le moral était assez bas. Tous les malades souffraient beaucoup de l'absence de toute relation avec l'extérieur. Ils craignaient d'être oubliés lors du rapatriement. La visite régulière des officiers venus de LUBECK paraît leur avoir apporté, à côté de secours matériels, un grand soulagement moral

C) HOPITAL - L'accès de l'hôpital est rigoureusement interdit pour cause de typhus Les aumôniers Français, MARVILLEZ et ALIX (ex P. de G.) sont les seuls Français valides qui peuvent y circuler. Des renseignements ont été fournis par eux et par les mèdecins Suisses de la Croix Rouge.

Les malades Français ne sont encore ni recensés, ni groupés. On évalue leur nombre à 700. Des petits groupes, ou des Français isolés se trouvent dans des chmabres pleines d'étrangers, soignés par du personnel ne parlant pas Français. Certains se plaignaient du manque de nourriture et de soins, et de l'installation (tinettes dans les chambres) ainsi que d'être abandonnés n'ayant pas vu, disaient-ils, de Français depuis la libération.

.....

La moitié des malades sont atteints de typhus, le restant de dysenterie et tuberculose graves. La situation matérielle et morale s'améliore chaque jour, grâce aux efforts du service médical anglais, des médecins Suisses et des deux aumôniers français.

D - RENSEIGNEMENTS RECUEILLIS SUR LES FEMMES D'OFFICIERS ET DES SOLDATS FRANCAIS PRISONNIERS DE GUERRE -

Ces déportées auraient eu un traitement de "faveur" par rapport aux autres prisonnières.

LOGEMENT - Lits à 3 étages, 2 par étage

ALIMENTATION - I boule de pain par semaine.

I litre de soupe de rutabagas (claire) par jour

I morceau de margarine ou de saucisson par semaine

Pour chaque nourisson :

3/4 de litre de lait écrémé, par jour le plus souvent tourné.

Le Comité Israélite de la Croix Rouge a essayé de faire parvenir des colis par l'intermédiaire de la Croix Rouge Suédoise, ~~aussi pour les nourrissons~~.

La situation alimentaire, dans les 3 derniers mois, avait terriblement empiré

De très mauvais traitements physiques, peu de typhus. Malgré [illegible] moral assez bon.

Ces déportées, au nombre de 250, étaient évacuées en partie en camions, et en partie à pieds 6 jours avant la libération du camp, le 9 Avril) pour la gare de Belsen, à destination de THERESENSTADT (Tchécoslovaquie). Elles ont touché I/2 boule de pain par personne pour le voyage. Elles furent brutalisées au départ, et ont voyagé dans le train dit "fantôme " pendant I4 jours, sans ravitaillement. Le typhus et la famine ont exercé parmi elles des ravages terribles. Elles ont été libérées par les Russes le 23 Avril I945.

III - MESURES PRISES PAR NOUS

7 aller et retour ont été effectués entre LUBECK et BERGEN BELSEN entre le 6 et le I8 Mai.

.....

7

1° - A LUBECK la liaison a été établie entre la Croix Rouge Internationale et les missions médicales suédoises et suisses. Des secours en médicaments et en vivres ont été demandés et obtenus, tant de ces organismes que du centre d'accueil Français, ou réunis grâce à des concours particuliers (prisonniers et travailleurs français)

2° - Il a été livré, à BERGEN-BELSEN

Le 4 : des trousses et médicaments d'urgence de petite chirurgie pour les Français des 3 camps

Le 6 : des médicaments, des instruments et des biscuits pour les Français des 3 camps.

Le 7 : des médicaments, des vitamines et des aliments frais pour les Français des 3 camps.

Le 9 : 200 Kgs de sucre, des médicaments et aliments ~~fxxxx~~ divers pour les Français.

Le II : des vitamines et vivres frais pour les Français.

Le I3 : Pour l'ensemble du camp : 40.000 colis offerts par la C.R.I., 800 Kgs de sucre et 3 grandes caisses de médicaments pour l'hôpital.

Le I7 : pour les Français de l'hôpital : des vivres divers et des cartes de correspondance.

Le I9 : Pour l'hôpital : 4 camions de médicaments et vivres, don de la Croix Rouge Suédoise et Internationale ainsi que des prisonniers libérés.

3°) A BERGEN BELSEN, les responsables français (médecins, prêtres, officiers de liaison de la M.F. de R.) ont été vus à chaque voyage et ont pu faire connaître leurs besoins Le Colonel Cdt le Camp, les mèdecins et le pharmacien anglais, et les mèdecins Suisses, ont également fait des demandes qu'on s'est efforcé de satisfaire. Les déportés des 3 camps et les Français responsables, complètement isolés du monde extérieur depuis la libération ont paru réconfortés par les visites périodiques des membres de la Mission

Le I7 Mai, tous les Français valides ont quitté BELSEN. Il restait, à cette date, 700 Français à l'hôpital, dont 450 hommes et 250 femmes, tous intransportables. La liaison avec eux est assurée par l'abbé ALIX pour les Hommes, et l'Abbé MARVILLEZ pour les femmes, qui, eux-mêmes, prisonniers de guerre libérés, restent à l'hôpital pour réconforter les malades La présence d'autres Français, mèdecins ou Infirmiers, n'est pas tolérée par les autorités.

Dokument der Gruppe Französischer Offiziere

Eine Gruppe französischer Offiziere aus dem OFLAG (Offizierslager) X C Lübeck hat nach ihrer Befreiung aus der Kriegsgefangenschaft am 3. Mai 1945 (am Tag nach der Befreiung des Lagers) das Lager der Deportierten von Bergen-Belsen aufgesucht. Entsetzt über das Elend und den erbärmlichen Zustand unserer deportierten Landsleute, haben die Offiziere sich entschieden, ihre Rückkehr nach Frankreich aufzuschieben, und haben eine schnelle Hilfe für die Häftlinge organisiert. Um diese Aufgabe besser in Angriff zu nehmen, wurde einer der ehemaligen Gefangenen, Leutnant SALAMON, vom Internationalen Roten Kreuz als Verbindungsoffizier für das Lager nominiert.

Hier ist der Bericht, abgefasst am 19. Mai 45 und dem Aufnahmezentrum von Lübeck zugestellt für das IRK und dem Ministerium für die Kriegsgefangenen.

Allgemeine Informationen über das Konzentrationslager Bergen-Belsen

A – Situation am 15. April 45
(Tag der Ankunft der Engländer)

Die Todesrate und der dauernde Wechsel der Personen im Lager machen es unmöglich, genaue Zahlen zu erheben. Alle Zahlen müssen als annähernde Angaben betrachtet werden.

Im KZ Bergen-Belsen waren am 15. April 1945 ungefähr 39.000 Gefangene aller Nationalitäten und jeden Alters, Männer und Frauen, die in diesem Lager gefangen gehalten wurden aus verschiedensten Gründen: politische, rassistische usw.

Die tatsächliche Zahl muss vorher 47.000 betragen haben.

UNTERBRINGUNG: Holzbaracken, total verschmutzt und in schlechtem Zustand, durch Stacheldraht voneinander getrennt.
SCHLAFSTELLEN: Stockbetten in drei Etagen, Strohschütten auf dem Boden. Häufig 2, 3 oder 4 Personen pro Schlafstelle (in jeder Etage)
ESSENSVERSORGUNG: Innerhalb von 20 Tagen vor der Befreiung
1 Brot für 12 Personen
1 Rübensuppe für 20 Personen
In den 12 letzten Tagen kein Wasser.
In den letzten 6 Tagen keinerlei Nahrungsmittel.

HYGIENISCHE UND SANITÄRE ZUSTÄNDE:
Keine Toilettenanlagen in verschiedenen Baracken,
Abortgruben unter freiem Himmel,
keine Waschbecken.
KRANKHEITEN: Typhus, Ruhr, Magen-Darmentzündungen, alle ohne Behandlung.
Im Monat März: 17.000 Tote.
Vom 1. April bis zur Befreiung: fast 1.000 Tote täglich (wir haben 17 Massengräber gesehen mit jeweils 1.000 Leichen.)

Da in den zwei Wochen vor der Befreiung die Beseitigung der Toten nicht mehr gemacht werden konnte, lagen diese auf beiden Seiten der Lagerstraßen oder waren noch in den Baracken verblieben. Normalerweise wurden die Leichen von Häftlingen bis zu den Massengräbern gezogen, die außerhalb des Lagers ausgehoben waren. Jetzt waren sie übereinandergeschichtet in den Lagerstraßen.

MISSHANDLUNGEN: Die Häftlinge bezeugten unzählige Grausamkeiten, die sie erlitten oder miterlebt haben. Erschießungen, Benzininjektionen direkt ins Herz, Vorbereitungen, um das Lager in die Luft zu sprengen etc. etc.

Da unsere Aufgabe im Wesentlichen darin bestand, zu helfen und nicht, Ermittlungen vorzunehmen, konnten wir uns nicht systematisch mit diesen Zeugenaussagen beschäftigen.

B – Maßnahmen der Hilfsorganisationen der Englischen Armee

Das KZ von Bergen-Belsen (sog. Lager Nr. 1) befindet sich in der Nähe (ungefähr 3 km) von einem wichtigen Lager der SS. Mehrere Dutzende neuer Kasernen und Gebäude für unterschiedliche Zwecke erstrecken sich auf einem beträchtlichen Gelände (5 km auf 1 km).

Die Engländer evakuieren systematisch die Menschen aus dem Lager 1 (sogenanntes Todeslager) und verlegen sie, nachdem sie gewaschen, desinfiziert und bekleidet wurden, in die Gebäude des SS-Dorfes.

Dieses wurde für die Verlegung in drei Sektoren aufgeteilt:

Lager 1: Hospital
Lager 2: Männer
Lager 3: Frauen und die nicht Schwerkranken und die Kranken ohne ansteckende Krankheiten.

HOSPITAL – Gebäudeansammlung, die mit Stacheldraht rigoros abgeschirmt ist. Darin sind neue Typhus- und Ruhrkranke. Typhuspatienten und Schwerkranke werden dort untergebracht.

Am 7. Mai waren noch etwa 10.000 ehemalige Häftlinge im alten Lager. Seine Evakuierung, die wegen des schwachen und verschmutzten Zustandes der Menschen enorme Schwierigkeiten macht, geht so schnell wie möglich, Zug um Zug. Ende der Evakuierung 17. Mai.

Am gleichen Tag zählte man 23.000 Personen in den 3 Lagern des Dorfes (Camp 2 und Camp 3 und Hospital). Im Hospital waren ungefähr 8.000 Kranke, die Hälfte davon mit Tuberkulose. Das Aufstellen von 4.000 Betten war vorgesehen, ca. 200 pro Tag.

Medizinisches Personal am 13. Mai im Hospital:
ÄRZTE: 12 englische Ärzte
20 Ärzte, ehemalige Häftlinge verschiedenster Nationalität, abberufen in ihre Heimatländer
6 Schweizer Ärzte unter der Leitung von Dr. RIDERHER
20 deutsche Ärzte als Kriegsgefangene
KRANKENSCHWESTERN: 10 Engländerinnen
12 Schweizerinnen
200 Deutsche

Die Todesrate vor der Befreiung war fast 1.000 täglich, am 7. Mai etwa 300 pro Tag. Sie sank von Tag zu Tag auf 20–30 gegen den 18. Mai.

II. –BESONDERE INFORMATIONEN BEZÜGLICH DER FRANZOSEN

A) – LAGER – BERGEN-BELSEN

Es verbleiben am 7. Mai

219 Franzosen und Belgier:
10 Typhuskranke
105 Kranke mit schweren Darmerkrankungen
40 Tuberkulöse
19 schwerkranke Frauen

(Die meisten Frauen waren schon evakuiert, die Typhuserkrankten ins Hospital, die nicht an Typhus Erkrankten ins Lager 3)

GEBÄUDE: Sie wurden schon in Kapitel I beschrieben.

FRANZÖSISCHES PERSONAL – Leitender Arzt FREJAFON, ehemaliger Häftling des Lagers, unterstützt von mehreren freiwilligen Krankenpflegern, ehemalige Häftlinge, ebenso von Dr. WAHL, ehemaliger Kriegsgefangener (Oflag/ Offizierslager X B Nienburg, der Typhus bekam und jetzt behandelt wird im Hospital des Stalag X B (Stammlager Fallingpostel) und von Leutnant ALIX, Verbindungsoffizier, delegiert von der FRANZÖSISCHEN KOMMISSION für die Rückführung der Gefangenen: LTD. FRANCOIS PONCET.

Das französische Personal wird unterstützt von jungen englischen Medizinstudenten, die am 4. Mai per Flugzeug ankamen und deren hingebungsvolle Arbeit beispielhaft ist.

B) – LAGER 2

Am 13. Mai ungefähr 170 Männer, alle mit schweren Darmerkrankungen.

Bis zum 7. Mai gab es zahlreiche Todesfälle jeden Tag.
Am 13. Mai war der erste Tag ohne Todesfälle.

UNTERBRINGUNG: mittelmäßig: Pferdeställe
LIEGEPLÄTZE: Strohschütten
FRANZÖSISCHES PERSONAL: Ltd. LEGRAND (Kommandant für die Rückführung)
Ltd. BINOCHE (Kommandant für die Rückführung)

Allgemeine Situation: ziemlich schlecht hinsichtlich der Unterbringung als auch der Versorgung mit Lebensmitteln. Die Situation hat sich allmählich verbessert bis zum 17. Mai, dem Datum der Abfahrt dieser Gruppe.

C – <u>LAGER 3</u>

Am 13. Mai: 350 Frauen, etwa 10 Kinder. Gesundheitszustand relativ gut.

UNTERBRINGUNG gut; in den deutschen Kasernen, Stockbetten mit 2 und 3 Etagen. Einige Kranke im Speicher auf Stroh.

FRANZÖSISCHES PERSONAL: Ltd. LE TOUX, Arzt, Kriegsgef. aus Oflag X B)

Krankenpfleger GIROARD, Kriegsgef. Oflag X B)

Alle beide von den englischen Behörden zugelassen und unterstützt von

Mademoiselle Annette WEILL, Studentin, ehemalige Deportierte.

Verbindungsoffizier: Ltd. François Poncet

VERPFLEGUNG: in etwa zufriedenstellend.

Es fehlen frische Lebensmittel und Medikamente. Lebensmittelversorgung wurde über FALLINGPOSTEL organisiert (eine Initiative von Herrn Abbé CHESNAY, Feldgeistlicher im Stalag XI B) von BERGEN und von LÜBECK von der Mission von LÜBECK.

Sowohl im Lager 2 als auch im Lager 3 brauchten die meisten der sehr geschwächten Darmerkrankten Spezialnahrung und Diät. Für die Genesenden wurde Fleisch, Gemüse und frische Eier benötigt.

In beiden Lagern, vor allem aber im Lager 2, herrschte eine ziemlich niedergeschlagene Stimmung. Alle Kranken litten sehr unter der Abschirmung gegen jeglichen Kontakt nach außen. Sie vermuteten, dass sie vergessen werden bei der

Rückführung in ihre Heimat. Die regelmäßige Visite der Offiziere, die von Lübeck kamen, schien für sie, abgesehen von den Lebensmitteln, offensichtlich eine große moralische Unterstützung zu sein.

C) - <u>HOSPITAL</u>

Wegen des Typhus ist der Zutritt zum Hospital absolut untersagt. Die französischen Feldgeistlichen MARVILLEZ und ALIX (ehem. Kriegsgefangene) sind die einzigen Ausnahmen, die hineindürfen. Auskünfte wurden von ihnen erledigt und von den Schweizer Ärzten des Roten Kreuzes.

Die französischen Kranken sind noch nicht erfasst und auch nicht eingeteilt. Ihre Zahl wird auf 700 geschätzt. Kleinere Gruppen oder Einzelne sind in Zimmern, die voll belegt sind mit Ausländern, die von einem Personal gepflegt werden, das nicht französisch spricht. Manche beklagen sich über den Mangel an Pflege und Nahrung und über die Toiletten (Kübel in den Zimmern) und über die Verlassenheit, da sie nach ihrer Aussage seit der Befreiung noch keine Franzosen gesehen haben.

Die Hälfte der Kranken ist von Typhus befallen, die restlichen an Ruhr und schwerer Tuberkulose. Die körperliche und seelische Verfassung bessert sich von Tag zu Tag, dank der Anstrengungen des englischen Pflegepersonals, der Schweizer Ärzte und der beiden französischen Feldgeistlichen.

D – AUSKÜNFTE, DIE WIR ÜBER DIE FRAUEN DER OFFIZIERE UND DER FRANZÖSISCHEN KRIEGSGEFANGENEN SOLDATEN ERHALTEN HABEN –

Diese Deportierten sollen eine „bevorzugte“ Behandlung erhalten haben im Vergleich mit den anderen Häftlingen.
UNTERBRINGUNG: in 2- und 3-etagigen Stockbetten
ESSEN: 1 Rundbrot pro Woche, 1 Liter Rübensuppe pro Tag, 1 Stück Margarine oder Wurst pro Woche
Bei jedem Essen: ¾ Liter Magermilch pro Tag, meistens geronnen.

Das Israelische Komitee des Roten Kreuzes hat versucht, über das Schwedische Rote Kreuz Pakete zukommen zu lassen.

Die Versorgung mit Lebensmitteln hat sich in den letzten drei Monaten erschreckend verschlechtert.
Sehr schlimme körperliche Misshandlungen.
Wenig Typhus. Trotzdem (unleserlicher handschriftlicher Einschub) ist die seelische Verfassung ziemlich gut.

Diese deportierten Frauen, etwa 250 an der Zahl, wurden am 9. April teils in Lastwagen, teils zu Fuß 6 Tage vor der Befreiung des Lagers (15. April) zum Bahnhof Belsen evakuiert mit dem Zielort THERESIENSTADT (Tschechoslowakei). Sie bekamen ein halbes Rundbrot für die Reise. Sie wurden vor der Abfahrt brutal misshandelt. Dann fuhren sie im sogenannten „Geisterzug“ vierzehn Tage lang ohne weitere Lebensmittel. Der Typhus und der Hunger haben schrecklich unter ihnen gewütet. Sie wurden am 23. April 1945 von den Russen befreit.

III. – MASSNAHMEN, DIE VON UNS GETROFFEN WURDEN

Wir sind zwischen dem 6. und 18. Mai siebenmal zwischen LÜBECK und BERGEN-BELSEN hin- und hergefahren.

1 ° – In LÜBECK wurde die Verbindung zwischen dem Internationalen Roten Kreuz und den medizinischen Missionen von Schweden und der Schweiz errichtet. Die medizinische Versorgung und die Lebensmittelversorgung wurden dort organisiert, ebenso durch das Französische Zentrum oder durch die Zusammenlegung besonderer Hilfen (Kriegsgefangene und französische Arbeitskräfte).

2 ° – Nach BERGEN-BELSEN wurden geliefert

Am 4.: Medikamente und chirurgische Notfalltaschen für die Franzosen der 3 Lager.

Am 6.: Medikamente und chirurgische Instrumente und Kekse für die Franzosen der 3 Lager.

Am 7.: Medikamente, Vitamindosen und frische Lebensmittel für die Franzosen der 3 Lager.

Am 9.: 200 kg Zucker, Medikamente und Lebensmittel aller Art für die Franzosen.

Am 11.: Vitamine und frische Lebensmittel für die Franzosen.

Am 13.: für das gesamte Lager: 40.000 Pakete vom Internationalen Roten Kreuz, 800 kg Zucker und drei große Kisten für das Hospital.

Am 17.: für die Franzosen des Hospitals : verschiedene Lebensmittel und Postkarten.
Am 19.: für das Hospital: 4 Lastwagen mit Medikamenten und Lebensmitteln, ein Geschenk des Schwedischen Roten Kreuzes und Internationalen Roten Kreuzes, wie auch von befreiten Gefangenen.

3 ° In BERGEN-BELSEN waren die französischen Verantwortlichen (Ärzte, Priester, Verbindungsoffiziere von M. F. de R.) immer bei jedem Transport dabei und konnten den jeweiligen Bedarf benennen. Der Colonel-Kommandant des Lagers, die Ärzte und die englischen Apotheker und die Schweizer Ärzte haben ebenfalls ihren Bedarf angemeldet und man hat sich die größte Mühe gegeben, diesen zu decken. Die Deportierten der drei Lager und die französischen Verantwortlichen, die vollständig von der Außenwelt seit der Befreiung abgeschnitten waren, waren ersichtlich wieder zu Kräften gekommen durch die Visiten der Mitglieder der Mission.

Am 17. Mai haben alle transportfähigen Franzosen BELSEN verlassen. Etwa 700 blieben noch zurück im Hospital, 450 Männer und 250 Frauen, da diese noch nicht transportfähig waren. Die Verbindung mit ihnen wird gesichert durch Abbé ALIX für die Männer und Abbé MARVILLEZ für die Frauen. Diese beiden, selbst befreite Kriegsgefangene, verbleiben im Hospital, um den Kranken beizustehen. Die Anwesenheit anderer Franzosen, seien es Ärzte oder Krankenpfleger, wird von den Behörden nicht erlaubt.

Yvonne

Wenn man meint, dass man über den Tod eines geliebten Menschen hinwegkommt, dann muss ich sagen, ich bin nie darüber hinweggekommen.

Am 5. Dezember 1987 werde ich von einem Anruf geweckt, vor dem ich mich fürchtete. Ich breche sofort auf, aber es ist zu spät. Du liegst unbeweglich da. Die Herzattacken, die dich seit Monaten gequält hatten, haben das Ihrige getan. Du hast einige Minuten zuvor deine Seele ausgehaucht. So hat man mir berichtet. Im Alter von zweiundachtzig Jahren.

Ich habe viel und sehr lange geweint. Ich, die sonst nie weint.

*

Fünf Tage später wurdest du auf dem kleinen Friedhof mit den Olivenbäumen beerdigt. Zwanzig Jahre lang habe ich meinen Fuß nicht dorthin gesetzt. Denn in Wirklichkeit warst du für mich immer gegenwärtig. Ich habe meine Gespräche mit dir jeden Tag weitergeführt. In meinem Innern sprachen wir miteinander und du hast mich beraten.

Zwanzig Jahre lang ging das so, dass ich nicht zum Friedhof ging. Dann nahm ich eines Tages meinen ganzen Mut zusammen, um mir irgendwie einzugestehen, dass du wirklich tot bist, dass du da liegst, sechs Fuß unter der Erde. Ich zwinge mich, dorthin zu gehen.

Ich betrachte den Grabstein, deinen eingravierten Namen, aber ich muss offen sagen, dass ich keine große Gemütsbewegung verspüre. Keine? Und warum nicht?

Weil du nie von uns weggegangen bist. Ich höre immer

noch deine Stimme mit ihrem slawischen Akzent. Deine dunkle Raucherstimme. Wenn ich zu einer Zigarette greife, sehe ich dich, wie du die nächste Gauloise am Stummel der vorherigen anzündest. Wenn ich die Gerichte aus deiner Kinderzeit koche, spüre ich, wie du hinter mir stehst. Und heute noch denke ich jeden Tag an dich. Es ist so, wie wenn du in meinem Innern wärst. Wie wenn ich dich in mich aufgenommen hätte. Das ist seltsam, nicht wahr? Du bist in mir, bei mir. Nicht einmal der Tod kann diese wechselseitige Liebe auflösen.

*

Ich bin nie mehr zum Friedhof zurückgekehrt. Das nächste Mal wird es bei meiner eigenen Beerdigung sein. Wenn ich wieder bei dir sein werde im Familiengrab, um für immer bei dir zu sein.

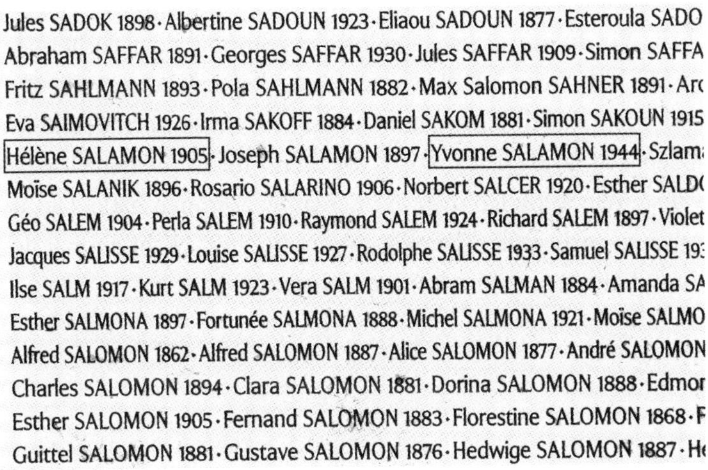

Foto von der „Mauer der Namen" mit den Namen von Hélène und Yvonne im Memorial der Shoah in Paris

Die „Mauer der Namen" enthält die Namen von 75 568 deportierten Juden aus Frankreich, davon 11 400 Kinder.

Dankesworte

Ich danke Frédérique Agnès, die mich während der Abfassung dieses Buches begleitet und ein lebendiges Interesse für meine Lebensgeschichte gezeigt hat.

Mein Dank geht auch an den Verlag Plon für die vertrauensvolle Zusammenarbeit.